最美乡愁
远去的老行当

北京文脉 | 最美乡愁卷

王志祥 著

庄明正 李云峰 绘图

北京燕山出版社
BEIJING YANSHAN PRESS

故乡的一口古井,一盘石碾,一弯小河,一片水塘,一棵老树,一堵残墙,一台村戏,一首乡谣,无不牵动着他的情思。

远 / 去 / 的 / 老 / 行 / 当

在聊天忆旧中，老王还给我讲过他故乡的铁匠铺、裁缝铺、花轿坊、大车店……

远 / 去 / 的 / 老 / 行 / 当

目录

序　　　　　　　　　　001
仰望最后的民间艺人　　003

砖雕孟　　　　　001　　刨鸡毛掸子　　066
磨剪子抢菜刀　　008　　窗花郎　　　　073
刻手章　　　　　014　　杆秤作坊　　　079
裁缝铺　　　　　021　　刨笤帚　　　　086
锔盆锔碗　　　　028　　钉马掌　　　　093
铁匠铺　　　　　037　　锔漏锅　　　　100
刘家烧锅　　　　044　　裱糊匠　　　　107
崩爆米花　　　　052　　剃头匠　　　　114
花轿坊　　　　　059

焊洋铁壶	120	送喜歌	176
棺材铺	126	骆驼板儿	183
棺罩坊	133	拉洋片	189
大车店	139	耍猴	195
快刀铡草	148	耍叉	202
走窑	155	麦客	208
吹糖人	162	小人书摊	217
喝鸡鸭子	168	说书队	225

后记　　　　　　　　　　　　　　231

最美乡愁
远去的老行当

序

刘波

老战友王志祥要出版他的散文集《最美乡愁——远去的老行当》，让我作序。他写出这本集子，有我鼓动的因素。因此，付梓之际，我也愿意说几句话。

说起来，我和志祥相识相知相交40年了。40个春夏秋冬里，我俩曾多次下基层一起采访，一起推敲稿件；也曾无数次月夜忆旧，无数次灯下侃山。言谈话语之中，我明显地感受到，在他的心中，有着一种浓浓的情结，这便是挥之不去的乡愁。正如他在集子的后记中所说，故乡的一口古井，一盘石碾，一弯小河，一片水塘，一棵老树，一堵残墙，一台村戏，一首乡谣，无不牵动着他的情思。尤其是对他家乡的五行八作，更是情有独钟，津津乐道，一个个乡野老手艺人的故事，都能脱口而出。有一年，我俩一起到塞外某部队采访，在营区外的乡间小路上散步时，我刚缝过不久的皮鞋，鞋底又脱离了鞋帮。我说："瞧现在这手艺活，真没有像样的把式了。"老王脱口道："要说真把式，还是当年的工匠。我们村当年就有个缝鞋匠。人家缝的鞋，倍儿结实，没个坏！"说着就讲起了他们村缝鞋匠的故事。还有一回，我俩采访路上经过一个村子，见有几户人家新盖了门楼，门楼两侧都刻有龙凤砖雕。老王一看便说："瞧这手艺活儿，龙不像龙，凤不像凤，还能拿得出手！我们村有个四瓦匠，当年人称砖雕孟，那砖雕手艺，十里八乡，无人不服！"说着，又讲起了砖雕孟手雕龙凤呈祥的故事。在聊天忆旧中，老王还给我讲过他故乡的铁匠铺、裁缝铺、花轿坊、大车店……这类事听得多了，我便鼓动他说："你何不把这些行当的人和事收集成书，留给后人？不然的话，将来的年经人，都不知道社会是如何变迁的了。"

这句话大概说到老王心里去了。十多年前，他退休后，便心心念念，关注起这些远去的行当来。他遍查资料，寻觅这些行当的来龙去脉；每逢回到故乡，总不忘搜集那些老艺人当年留下的故事，最终整理出了这本散文集子。翻开这本集子，那些打铁的、烧酒的、剪窗花的、吹糖人的、拉骆驼的、钉马掌的……一齐活灵活现地涌至眼前。这些篇章不仅详细讲解了五行八作的丰富知识，更突出展现了当年那些老艺人的心灵。他们虽然出身底层，地位卑微，却是讲德行重品行，讲良心重信誉，不贪财，不趋利，匠心独运，追求极致，以精湛的手艺，周到的服务，惠及千家万户。这本集子可以称得上一段真实的社会变迁史，一座鲜活的民生博物馆，一幅立体的《清明上河图》。

看完这本集子，我感到志祥还有更深一层的用意，那就是呼唤工匠精神。何谓工匠精神？就是对自己从事的行当执着、忠诚、精益求精、追求极致的精神。穷毕生精力把一件小事做到极致，平凡的人就会变得不平凡。我国本是工匠精神的发源地。一代一代的能工巧匠，就是凭着这种精神，为国家为社会甚至为世界文明做出了不可小视的贡献。许多物质文化遗产就是这种工匠精神的结晶。如今，随着科学技术的发展，这些行当绝大多数都消失了，但是这种工匠精神，理所当然地应当千秋万代传承下去。遗憾的是，这些年来，人心浮躁，精神缺失，以致假货横行，劣品泛滥，严重损害了国家和民族的声誉。现在志祥写出这本集子，看似是讲讲这些老行当的知识，说说那些老工匠的逸闻趣事，实则是在大声疾呼工匠精神的回归。各个行当的读者读过这些篇章，如能从中受到启发，从而对自己从事的行当精益求精，追求极致，则善莫大焉。

仰望最后的民间艺人

小时候，我们在乡间最佩服的，就是手艺人。

手艺人因为有"一招鲜"，赢得了乡下人普遍的羡慕与尊敬。在记忆里，他们吃香喝辣，走门串户，当地最美的姑娘也都嫁给了他们。他们的日子令人艳羡。

长大后，进了城市，才知道，手艺人的生活也不过如此，与城里人还差之远矣。特别是随着时代变迁，手艺人得以谋生的活计，渐渐被更先进的现代科技替代，民间手艺也就渐渐失传了。他们活在我们的记忆中，像许多昙花一现的新鲜事物一样，逐渐被我们遗忘。

我从来没有想到，还会有谁会温暖地记得他们。直到，我们尊敬的长者，年过古稀的"王老"先生，会写这样的一本书。

"王老"，王志祥先生是与我们有幸在一起工作时，编辑部同事对他的敬称。王老原是《解放军报》编辑，退休后被聘请到《解放军总医院报》担任编辑工作。

原来的医院小报，经他和军报的另一位老者润泽，迸发出新的生命。虽是行业报纸，但也上至党和国家领导人，下至千千万万患者可以看到。经他们倾心耕作，报纸所到之处，总是赞声一片，喝彩如潮。

王老性格耿直率真，慈眉善目，和蔼可亲，每天脸上挂着笑意，是个好老头。但相交日久才发现，遇上人或事，他也是那种敢于较真、责任心强的性情中人。退休之人，心情淡定，与世无争。若说爱好，王老也就平时迷恋乡野河湖垂钓而已。在院报十载有余，风来雨去，加班熬夜，从无怨言，笔下改稿万千，字里行间，情真意挚。编报之余，也为报纸偶配小诗，笔名"汪劳"。常有人问："诗作如此之好，究竟何许人也？"即使问到他头上，他亦笑而不答。

有一天，忽然得知，王老写了一本书，一本关于他的出生地京郊房山一带"小人物"的书。我好奇以问，王老顺水推舟，让我作序。我诚惶诚恐，捧而读之，竟爱不释手。

如今中国人，有乡村而无乡愁，曾几何时，多少田园荒废，杂草丛生。乡间不再是诗情画意、绿水青山。在多数人的记忆里，乡间是落后的代名词。然而，年龄越长，乡音越稀，诸多在外谋生活的人，记忆中却仍有乡间那种纯朴、纯真和纯情在萦绕。

乡间的艺人，至今仍坚守者，已无几矣。

王老笔下的这些人物，曾是我们的左邻右舍，是我们的乡亲隔壁。他们既是一群普通人，也是一群能人；他们既是一伙平头百姓，也是一伙性格各异、甚至特立独行的人。

他们曾活跃了乡间的物质生活。在他们之中，既有喝鸡鸭子的、锔盆锔碗的、钉马掌的、走窑的、当麦客的、刨笤帚的，也有做裱糊匠的、送喜歌的、打棺材的、做裁缝的、打铁的、说书的、耍猴的，还有耍叉的、吹糖人的、刻手章的、做杆秤的、崩爆米花的、造酒的、搞砖雕的……他们普普通通，但过去却是乡间不可或缺的能人，乡里乡亲，三里五里，因为有了他们，乡间的正常生活得以顺利延续，乡间的日常秩序得以顺利维持。是他们，使乡间的土地更加肥沃，水草更加丰美。

他们丰富了乡间的文化生活。无论他们从事的是什么行当，都见多识广，走到哪里，把传说带到哪里，把各地的不同呈现到哪里。这些故事，有别人的，也有他们自己的。正因如此，他们的行当以及他们口口相传的故事、趣事和逸事，丰富了乡间孩子们的梦想，充盈了女人们的梦境，搅动了男人们向往外面世界的心事，有着浓重的烟火气息。特别是他们经历了生活的沧桑，也得以比平常人有了更多的生活领悟，他们身上那种不同的特质，让平静与世俗的乡间生活，好像一粒石子投入水面，让人们心头多了一些涟漪；又好像一粒火种，让孩子们心中多了一些向往。

手艺人还是一群承载了民间美德与大爱的人。行当处处有，但旧的行当慢慢在消失，新的行当也会应运而生。无论时代怎样演变，在这群人身上，都有着这样一个共同的特点——他们的血液里始终流淌着中国人那种真、善、美的基因，传递着爱与善的火种。在作者的笔下，不仅仅是记载了手艺人的风雨故事、喜怒哀乐、悲欢离合与历史变迁，更重要的是，透过字里行间，还记载着他们身上传递的中国民间手艺人那种普遍的特征——爱国、善良、勤劳、质朴、热情、无私。他们靠手艺吃饭，技术上总是精益求精，怕砸了饭碗；而对乡亲们，无论有钱没钱，他们一视同仁，同等对待；国家有难时，他们倾其所有；个人遭难时，他们不怨天尤人，而又不折不挠，从头再来……

正是如此，这些民间手艺人传递了一种特征与生命力——行当虽已远去，品德却依然留存。他们的身影与声音虽然逐渐模糊，但他们留下的乡愁记忆却还在滋润着我们的心扉，并且永远延续着不老的传说……

如今，旧时的老北京已成为国际化的都市，老行当虽然变成了记忆，精神上却有着经久不衰的能量。王老能将目光投到这样一群日渐被人遗忘的人的身上，并且在点点温馨的回忆中写这样的一本书，其意不言而喻。而一个报业的老前辈，让一个年轻的愣头青来写序，惶恐之中，已学到了他骨子深处的善良，触摸到了历史深处的传承。我们这样一群已扎根于大都市的人，在渐渐与故乡作别之时，重新品读这样一群人和他们行当的故事，好像身已踏上故乡的胡同小路，在敲窗的细雨之中，品味到了生命的真正意义，令人备感唏嘘，回味不已。

故若初生牛犊,欣然应之,惶然写之。因为我们在欣赏这样一段独特的历史与文化的同时,也对作者具有这样普世的悲悯情怀表达出由衷的敬意。

是为序。

南方后学　李骏

2017年7月21日于北京

砖雕、木雕、石雕这古民居"三雕",是我国民间艺术宝库里的三朵奇葩。

我出生京郊长在农村,读小学时学校就是一座天王庙,因此从小就见过庙宇、民宅中的"三雕",尤其熟悉砖雕。

砖雕,即青砖雕刻的艺术品,在我国已有几千年的历史,被列入国家级非物质文化遗产名录。据传,砖雕由东周瓦当、汉代画像砖演绎发展而来,北宋时形成砖雕墓室,明代砖雕由墓室发展为建筑,到了清代,砖雕大都为官吏、富豪、地主宅院的厅堂、山墙、大门、影壁、戏台所用。

砖雕所用的青砖与普通砖有所不同,其选料要求严格,土质要细腻、纯净、黏合力强,选好料后按需要制成不同尺寸、不同形状的毛坯,经特殊烧制而成雕刻用砖。

村里有个孟姓人家,几代泥瓦匠,本村和临村农家盖房,砖瓦活大都是孟家人承担。从我记事起,孟家瓦匠手艺传到他已是第四代,于是人们都叫他四瓦匠。

四瓦匠不甘平庸,说,孟家祖祖辈辈砌砖镶瓦,闭上眼用瓦刀轻轻一敲,就知道手里的砖瓦是什么土、哪家窑烧制的。太熟悉太了解,便滋生了单调和枯燥感。四瓦匠要创新、要发展瓦匠手艺。

怎么创新?他闲暇时到小学校里的天王殿参观,到村里当年大财主宅院转悠。他看到,这些老式建筑在砖的用法上除了立、卧、架几种形式外,还在砖上雕刻一些图案镶嵌在房顶、屋檐、墙体上,甚是美观漂亮。一次,四瓦匠去县城买瓦工用具,顺便到书店买回一本建筑书籍,其中一个章节专讲砖雕内容,从而他知道了砖雕这个词,了解了砖雕的基本程序和技法。这让他茅塞顿开:他要改变单一的砌砖镶瓦,学砖雕,改变民居的形态,给千百年来蜗居陋室的农人送去美的享受。

目标定,决心下,干起来。四瓦匠买来一千块普通青砖,白天出去干活,晚上回到家就学起砖雕来。一开始,他拿起一块砖不管青红皂白就动锤子、刀子,不知是用力过猛还是入刀要领不对,不是刻不出图形就是把砖弄碎。一连几个晚上,一块砖雕都没成功。后来,他想到村里刻手章的王叔,便前去求教。王叔哈哈大笑说:"我刻的是木头,你刻的是青砖,我的刻法你怎么能用得上?"四瓦匠说:"材质不同,原理一样,把你的刻字流程、刀法告诉我便是。"

按照王叔传授的刻字法,四瓦匠准备了拓纸,购置了专用刻刀,买来了各种各样的画册,晚上闭门谢客,关在屋子里练了起来。开始,他选择线条简单的图形，如小树、小草、锅碗瓢盆等，照葫芦画瓢在糊窗户用的纸上画图，然后在青砖正面铺一张拓纸，把画好图形的纸覆在拓纸上重新描一遍，图形便留在了砖面上。接下来，四瓦匠顺着线条的走向，在空白处用刀子挖掉一指厚，凸现出来的便是一棵小树、小草……

那些日子，四瓦匠白天出去给人家建房，晚上在家练砖雕，日复一日，月复一月，青砖用掉数千块，刻刀用坏十几只，右手握刀的三根手指磨出了血泡，血泡破了形成厚厚的一层老茧。

对坚持和辛劳的奖赏永远是成功。汗水和心血终于浇灌出收获，四瓦匠的砖雕成功了。

听说邻县有个小有名气的砖雕匠人，四瓦匠背上几块自认为满意的砖雕作品，辗转两天找到那位匠人，取出麻袋里的砖雕请老师傅鉴定品评。那位老匠人告诉四瓦匠，他的砖雕手法叫"平面浮雕"，是民宅建筑常用的砖雕方法。还有一种常见的砖雕叫"镂空砖雕"，就是把图形的空白处全部刻掉，使砖体通透，只留图形的线条部分。这种砖雕更具层次感、立体感。老师傅还告诉他，砖雕和刻字的原理相似，要掌握一快、二慢、三准的原则：刻大片空白处要快，靠近图案线条处要慢，到了线条处要准。这样既能保证砖雕精准漂亮，又不浪费砖料。他还告诉四瓦匠，青砖选料要讲究，这要靠自己的悟性慢慢摸索，要么自己选料请窑把式烧制，要么买现成的雕刻用砖，凭四瓦匠眼下的手艺，再有了专用青砖，雕出来的作品一定会不同凡响。

大志非才不就，大才非学不成。邻县寻师，四瓦匠收获满满。回到家，他依旧在普通青砖上按师傅讲的"一快二慢三准"的口诀练习。慢慢地，他从这个口诀中悟出了"稳情绪、忌心急、巧用力"九字箴言。依此雕刻，砖不易碎了，图案更清晰规整了——四瓦匠熟练掌握了砖雕手艺。

熟练掌握砖雕手艺的四瓦匠，迎来的第一个顾客是他自己。

四瓦匠的家是个大敞门，院墙中间留个两丈宽的豁口，豁口两边各埋

远/去/的/老/行/当

一根木桩,一边木桩上挎个用高粱秆扎的栅栏,夜间把栅栏抬起搭在另一边木桩上,这就是门,我们那里叫它"稍门"。四瓦匠把稍门拆掉,在豁口处盖了个门楼。

这个门楼,充分展示了四瓦匠的砖雕手艺:两边的垛子墙是普通青砖卧砖垒起,横梁架一长形二尺宽、两寸厚的石条,石条前后檐用四排砖雕垒起,从上到下以每层两寸的差距层层前探,砖雕雕花为村里常见的山桃花形。门脊由普通青砖封顶,左右两端分别卧有一只砖雕麒麟。远远看去,门楼正檐山花怒放,层层叠叠,春意盎然,满园生辉;一左一右两只麒麟似卧似跃,威风凛凛,仰视远方,忠守宅院。

进得门楼,迎面端立一新建影壁墙,长两丈五尺,高两丈,厚一尺五寸。壁顶一排砖雕上瑞兽横卧;正面壁芯砖雕镶嵌;四周菱形图案砖雕围起;四角四个扇形砖雕托顶,图案分别为春草、夏花、秋禾、冬梅;影壁正面中间为一大幅圆形砖雕,图案为"松鹤延年"。影壁后面,四周同样

回到家,他依旧在普通青砖上按师傅讲的"一快二慢三准"的口诀练习。

慢慢地,他从这个口诀中悟出了"稳情绪、忌心急、巧用力"九字箴言。

李云峰 绘

用菱形图案砖雕围起,四角四个扇形砖雕里面的图案换成了花、鸟、虫、鱼,壁芯大型砖雕图案改为"龙凤呈祥"。整个影壁墙看上去动静相济,生机勃发,品位优雅,文化厚重。

四瓦匠家的门楼和影壁,成了村里的一道亮丽风景。人们奔走相告:四瓦匠好能耐,门楼、影壁那叫一个漂亮,不比当年财主家的差。连邻村路过的人都要驻足多看几眼,发出"啧啧"的赞叹声。自此,人们给四瓦匠改了名字,都叫他"砖雕孟"。

这是四瓦匠心中期许的。当初他决定在自己家盖门楼、建影壁,初衷并不是摆阔炫富,而是用它当作活广告,让它告诉人们,四瓦匠有了砖雕手艺,谁家盖房、垒院墙、建影壁,可以找他做砖雕。

果真如此,砖雕孟顿时声名鹊起。

随着人们生活水平逐年提高,盖新房的人家越来越多,品位越来越高,砖雕孟的营生也越来越红火。

砖雕孟给人建房、垒墙、镶嵌砖雕，从不随意糊弄顾主，不管你是干部还是群众，不管你家富裕还是贫穷，只要提出要求、讲出想法，他都千方百计给予满足。那个年代，乡下人大都见识少，他就根据顾主家庭的实际情况，因地制宜地雕刻一些农人常见的图案嵌在墙面上，很受欢迎。

村东刘大爷前半辈子给地主家扛长活，累得腰弯成了九十度，走路总是脸朝黄土背朝天。中华人民共和国成立时，他分得了地主家一亩地大的场院，一家四口在放农具杂物的两间场房居住，空旷的院子，村里的鸡、鸭、猪、狗随处糟蹋，着实让全家人腻歪了好几年。农业合作化后，他家的日子好了起来。这年春上，他把砖雕孟请来，一是要翻盖房子，二是把院墙砌起来。

根据刘大爷本人的要求，砖雕孟在他的新房子东西山墙上各镶嵌了一大型砖雕——"三阳开泰"，房脊两头各镶嵌一只欲奔瑞兽，房前左右窗下墙芯分别镶嵌图案为"百鸟朝凤""山水画廊"的两块砖雕。院墙用斗拱封顶，院墙面上每间隔两丈留窗，依次镶嵌镂空砖雕——岁寒三友"松竹梅"。

改造后的刘大爷家，新颖，明快，典雅，气魄。有人开玩笑说，刘大爷的宅院快赶上当年扛长活的东家豪宅了。刘大爷说，三十年河东三十年河西，如今咱长工也要过一过东家的日子，托共产党、毛主席的福啊！

村西李老汉解放时分了财主家五亩地和一头驴，全家高兴得夜里睡觉都笑出声来。全家苦干四年，好日子像火苗噌噌往上蹿，唯一不如意的是后代人丁不旺。李老汉大儿子身有残疾一直单身，小儿子媳妇进门三年了，还没有一点"动静"。盖新房时，李老汉让砖雕孟根据他家的情况做几块砖雕。砖雕孟思来想去，给他雕了两幅画，一幅是"麒麟送子"，另一幅是"鱼翔浅底"。镶嵌完成那天，砖雕孟特意把全家人叫到房前，详细讲解砖雕图案的含义，讲得李老汉老两口乐得合不拢嘴，讲得李家小儿子夫妻俩羞涩得低下了头，暗下决心尽快满足老人的心愿。

邻村一姜姓人家，日子还算殷实，老两口唯一不顺心的是独生儿子不孝，对二老常常动粗。为这，村干部没少敲打姜家儿子，派出所还两次提他"过堂"。毕竟是自己的骨肉，姜家老两口想，儿子娶了媳妇有了担当兴许就变孝顺了，于是决定拿出多年的积蓄盖新房给儿子娶媳妇。

根据姜家的需求，砖雕孟精心设计了两幅砖雕："卧冰求鲤""扼虎救父"。他把这两块图案出自《二十四孝》的砖雕，镶嵌在房前脸门的左右窗下墙芯处。砖雕呈正方形，线条苍劲，画面清晰，层次感强，人、物、景动静相宜，生动传神，栩栩如生。姜家儿子不解图案含意，砖雕孟专为他解释了一番。

后来砖雕孟得知，姜家儿子为此专门找来一本《二十四孝》拜读，自感从前品德不端，愧对父母养育之恩，随即态度大变，对父母孝顺有加。

姜家二老捎来口信，说砖雕孟师傅简直就是个老师、医生，用两块砖雕治好了他们儿子的不孝病。

砖雕在乡间如此受欢迎，是砖雕孟始料不及的。眼看年过花甲，砖雕孟越发感到时日不多，思忖着把这个手艺尽快传下去。于是，他左挑右选，收了三个年轻瓦匠为徒，一边合作为人建房，一边向他们传授砖雕技艺。

祸患追人，不备而至。砖雕孟收徒不到半年，就赶上了20世纪60年代的"破四旧"，他们见庙里的神像就砸，听说村里有个搞砖雕的，他们就直奔砖雕孟家，把他家门楼上的麒麟、影壁墙上的"松鹤延年""龙凤呈祥"等一应砖雕，统统砸了个稀巴烂。

这些砖雕倾注了四瓦匠多少心血，蕴藏了砖雕孟多少梦想，眨眼之间碎了，没了。

自此，那一带的新建民宅再也看不到砖雕了。然而，四瓦匠和砖雕孟的名字乃至他的故事，一直在人们中间传颂。这兴许应了诗人臧克家的著名诗句：

有的人活着，他已经死了；

有的人死了，他还活着……

磨剪子抢菜刀

在样板戏《红灯记》诸多人物中，有个头戴旧毡帽、身穿旧棉袄、肩扛短板凳的老头儿，以磨剪子抢菜刀的手艺人身份，为我地下党传递情报，深受观众喜爱。这就是我青少年时代在家乡京郊房山一带常见的磨刀手艺人。

据史料记载，磨剪子抢菜刀这行当最早出现在南宋，宋人吴自牧在他的《梦粱录》一书中就有记载，到了晚清、民国，这一行当在我国北方农村较为盛行。

磨剪子抢菜刀家什简单，成本低廉，两块磨刀石、一把"抢子"、一只"联板"、一条短凳便是全部工具。"抢子"是在一根两尺长的铁棍两头安上木把儿，中间卡一抢刀，抢刀刃比菜刀钢硬，是用来把菜刀刃抢薄的工具。"联板"是由六七片半尺长、两寸宽的厚铁片呈阶梯形串联起来的，用手一掂，铁片波动，发出碰撞的响声，配合磨刀人的吆喝声，招揽生意。

磨剪子抢菜刀这活计，看起来很简单，做起来实属不易。拿剪子来说，有长剪短剪，有宽剪窄剪，有用来剪布剪纸的，也有用来剪木剪铁的，五花八门，多种多样。刀的种类就更多了，有切菜刀、裁纸刀、剥皮刀、砍柴刀、剔骨刀、劁猪刀，还有杀鸡宰羊刀。这些用途不同、形状各异的刀剪，各有各的特点，各有各的磨法，磨刀人必须下很大的功夫才能熟练掌握。坊间流传一句顺口溜：不磨几层茧，别吃磨刀饭。足见熟练掌握这门手艺不容易。

磨刀人做生意没有固定地点，常常是扛着家什走街串巷流动做活儿。经常到我们那一带做磨刀生意的手艺人姓潘，五十多岁。爹妈给了他一副好身板，膀大腰圆，面孔黝黑，看上去就知道是个经历过风雨的手艺人。听大人们说，潘姓磨刀人是个传奇式人物，在我们那一带很有名气。他十几岁就拜师学磨刀，到了二十岁磨刀手艺已经炉火纯青，方圆几十里都知道有个"磨刀潘"。

磨刀潘不光磨刀手艺精、服务态度好，人也耿直正派，疾恶如仇，一身血性。

七七事变后，日军在京西烧杀抢掠，百姓们怒火满腔，几个村动员起所有铁匠昼夜赶制片刀，武装民兵配合八路军打日本。磨刀潘说，我不会打铁，可我会磨刀，把你们打的片刀交给我，我把它磨得快快的，多杀几个敌人。于是，他一连半个月，把铁匠们锻打的二百多把片刀磨得锃光瓦亮，锋利无比。

刀光闪闪杀敌寇，我以我血荐轩辕。民兵们举起锋利的片刀杀向敌人，吓得敌人魂飞胆丧。据统计，民兵们用这二百多把片刀杀死了上百个敌人，确保了一方平安。为此，县抗日救亡组织为八个铁匠和磨刀潘颁发了大红奖状。

磨刀潘有个儿子叫狗子，由于家境不好，再加上兵荒马乱的世道，狗子从小没读过书，十一岁起跟着他爹磨刀潘东奔西走学磨刀。十六岁那年，他爹患了重病，卧床仨月就走了。从此，狗子接过他爹的那只短板凳，扛起一家人的生计。

日异其能，岁增其智。好在小潘师傅跟着他爹闯荡了五六年，耳濡目染，路熟了人熟了，手艺学精了，经营方略掌握了，再加上他爹磨刀潘的名气，他的人气也很快旺了起来，单独出摊头一天生意就来了个满堂彩。

那天，小潘师傅出摊，到了村里太阳已经两竿子高了。他见庵庙前的大槐树下已经有个磨刀师傅摆好了摊，就在离他几十步远的老戏台前停下了。刚摆好摊，就听几个婶子、大娘议论：那不是磨刀潘的儿子吗？知根知底，还是让他磨吧。说着，几个人拿着菜刀剪子从庵庙那边走了过来。

小潘师傅向婶子、大娘通告了他爹去世的消息，以后他就顶替他爹为乡亲们服务。说着，只见他坐上短板凳，用套在板凳上的绳圈卡着磨刀石，右脚踩紧绳圈下面，然后在磨石上沾些水，开始磨起刀来。不一会儿，一把菜刀磨好了，小潘师傅先用手指肚轻轻刮刀刃，然后左手揪起自己一撮头发，右手举刀轻轻一划，那撮头发齐刷刷被割了下来。这个举动是小潘师傅在验证自己的手艺，也是做给婶子、大娘们看的。

"手艺不赖！""比他爹不差！"人们议论着。庵庙前的那个磨刀人见状，扛起家什走了。那天，小潘师傅直到掌灯时分才忙活完回家吃饭。

两代磨刀人，一脉热心肠。小潘师傅传承了他爹的基因，磨而不磷，涅而不缁，深受乡亲们的欢迎和爱戴。

一马姓人家四代单传，到了柱子这代，没想到一下子添了一对双胞胎儿子，全家乐翻了天。满月头一天，柱子爹又是杀猪又是宰羊，准备好好

潘家两代人用过的磨刀石,每块石头都是两头翘起中间凹下去,只剩下薄薄的一层,有的已从中间断裂。有心人数了数,足有二百一十块。

远 / 去 / 的 / 老 / 行 / 当

庄明正 绘

庆祝一番。傍晚,柱子爹提着五把菜刀找到小潘师傅,请他尽快磨出来,明天一早厨师就上灶,千万别耽误用。小潘师傅接过刀,答应第二天一早送到,保证不误事。

回到家,小潘师傅取出那五把刀一看怔住了:其中三把多年未用过,已经锈迹斑斑。另外两把中,一把刀刃多处崩坏,成了锯齿状;一把虽正在使用中,同样钝得割鸡脖子都不会出血。

应允了就不会反悔,还要把活做好。小潘师傅在院子中央的葡萄架下点上两盏油灯,外加两根蜡烛,开始干起来。他先用抢子把那多年未用的三把锈刀和那把崩了刃的刀抢平抢薄,然后在砂石上粗磨,再到油石上细磨,伴着夜色沙沙作响,犹如一曲轻音乐,穿过院墙,飘向夜空。待五把刀全部磨好,已到凌晨两点。那两块被磨去一韭菜叶厚的磨石证明,小潘师傅在这五把刀上真真花了功夫。他说,四代单传得双子,可喜可贺,咱不能扫了人家的兴。

次日凌晨,小潘师傅背上菜刀,一口气跑了八里路赶到马家送刀。刚刚赶来的三位厨师试了试刀,锋利无比,异口同声地说:有了小潘师傅磨的这几把刀,今天的酒席就瞧好吧。

又打了一场胜仗,小潘师傅声名鹊起,生意更加红火,与当年他爹相比,可谓不差累黍。

人生若波澜,世路有屈曲。谁也没有想到,就在小潘师傅生意、生活顺风顺水之时,竟被扯进了一桩命案。

邻村一叫姜海的男子,游手好闲,终日与狐朋狗友喝酒打牌,把家当输了个精光。为此,他爹常和他吵架,还几次报了官,镇公安员几次叫去批评他。然而他不思悔改,依然我行我素。他娘气得喝了农药,抢救及时才保住了性命。这天,他爹从他舅那里借来三百元钱,准备给他娘买药,剩下的钱计划买两头小猪养活,被姜海知道了,硬是把钱抢过去,说是还赌债,他爹气得昏了过去。他娘正在厨房做饭,拿着菜刀就追了出去。姜海跑得快,他娘追不上,便把菜刀扔了出去。本想吓一吓姜海,让他把钱留下,没想到菜刀扔出去一刹那,正赶上姜海回头。不偏不倚,菜刀正落头顶,姜海应声倒下。

"姜海被他娘用菜刀砍死了!"消息不胫而走,传遍全村、全镇。

县公安局来人调查,有好事者提供这样一条消息:前天小潘师傅刚为姜海娘磨了菜刀。为此,小潘师傅也被带走了。

听说小潘师傅被抓了,十里八村不少人跑到县公安局为他讲情,本村村长等二十多位长者还写了一封求情信,按上了自己的红手印,诚恳地证实小潘师傅是个好人,庄稼人过日子离不开他,还把他爹当年磨片刀杀日军的事抖搂出来,进一步证实小潘师傅"根正苗红",不会做违法的事。

其实用不着乡亲们佐证,小潘师傅自己就把公安局的人说服了:我天天出摊磨剪子抢菜刀,一年磨几千把刀剪,人人拿我磨的刀剪犯事,我都有责任吗?如果我磨刀的有责任,那么做刀打刀的铁匠和轧钢炼铁、建铁厂、开铁矿的工人也都有责任,这个道理讲得通吗?

小潘师傅把办案人员说乐了,点头了,当即放回了他。

时光荏苒。我参军离开家的那年春上,刚过花甲之年的小潘师傅病故了,十里八村的乡亲们前去吊唁。人们看到,在潘师傅灵前的供桌上,摆满了潘家两代人用过的磨刀石,每块石头都是两头翘起中间凹下去,只剩下薄薄的一层,有的已从中间断裂。有心人数了数,足有二百一十块。这些磨石饱含着潘家两代磨刀人的血与汗,述说着潘家两代磨刀人的冷与暖。

那二百一十块磨刀石最终陪伴着潘师傅的尸体一起下葬了。据说这是潘师傅刚病倒时留下的遗嘱,他的子女不折不扣地照办了。

也许若干年后,像当代人挖掘古墓一样,后人们把潘师傅的墓葬挖掘开来,说不定那二百一十块磨刀石作为古董,会出现在哪家博物馆的展柜中呢。

刻手章

手章，泛指便于携带的私人印章，是公民的身份证明，早见于春秋战国时期贵族的铜印章，作为执掌权力、兑现物资与货币的主要凭证。从民国时期起，现代意义的手章开始出现。

1949年以前，世代从事农耕生活的农人生活封闭，没有文化，偶尔与外界交往需要签字画押，大都以按手印代之。随着社会的进步和经济的发展，手章的凭证意义日渐明显。新中国成立后，领取挂号信件、汇款取款、寄取包裹、生产队分红、银行借贷、取保作证等，都需要使用印章。

日渐扩大的需求触动了村里的李老先生。早年，他念过两年私塾，学得一手好毛笔字，行、楷、草、篆样样精通。他想，何不发挥自己书法特长学刻手章，一方面解决村里人所需，一方面挣得几个零花钱贴补家用。于是，他便走上了刻手章这一行当之路。

当然，最触动李老先生、促使他真正下决心学刻手章的，还是1949年以前村里发生的两件事。

其一：村里有个叫陈二的壮汉子，在石灰厂当采石工，被山上滚落的石头砸断了右腿，石灰厂厂长将他除名赶下了山，从此以捡破烂儿为生，靠老婆给财主家打零工挣钱养家。夫妻俩有个十七岁的独生女，出落得漂亮、水灵，在村里姑娘中，可谓顶尖拔头筹。一天，女儿到财主家给妈妈送换洗的衣服，被财主老婆看到了。"多俊俏的姑娘，和我儿子简直是绝配！"财主老婆心里盘算着。几经周折，这事竟"谈妥了"。到下彩礼那天，姑娘不同意，陈二两口子也坚决反对。财主老婆拿出一张纸说："我这里有字据，你老婆是按了手印的，要反悔的话，咱们见官去。"陈二老婆蒙了，云里雾里说不清那字据的事，被陈二狠狠揍了一顿。姑娘恨娘把自己卖了，喝"敌敌畏"死了。

其二：村里孙宽老母亲过世，没钱买棺材，财主家答应借钱给他，条件是秋后完了场还钱，若还不上钱，利息加倍。谁知那年大旱，秋天完了场，孙宽一算，把收的粮食全给了财主，也不够那口棺材钱。孙宽求找上门来讨债的财主宽限些时日，财主不干，说："这是你画的押，还不起的话利息要翻倍的。"孙宽借钱那天头昏脑涨，心急火燎，记不得按没按手印了。事到如今，他意识到若不及时还上这笔债务，再拖个一两年，利滚利，自己会被债务压死。他一咬牙，把父亲留下来的三亩山坡子地划出两亩抵债，全家三口性命全押在了仅剩的一亩地里。

两件事，让李老先生清楚地看到，本来就没有文化的农人，缺少一枚能够"验明正身"的手章，许多应该较真儿的事件却有理说不清，到头来

远去的老行当

本来就没有文化的农人,缺少一枚能够"验明正身"的手章,许多应该较真儿的事件却有理说不清,到头来只能吃哑巴亏。这是李老先生最早萌生学刻手章的缘由。

只能吃哑巴亏。这是他最早萌生学刻手章的缘由。

决心下定,李老先生跑到县城,以自己要刻手章为名偷学技术。几次往返,他掌握了刻普通手章的工具、用料和流程。回到家里,他把刻字铺师傅为他刻的那枚手章磨平,摸索着学刻,刻完了再磨平接着刻,直到那枚手章料子短得无法再磨了,刻手章的技术也基本掌握了。

接下来,李老先生在自家门上挂起了牌子开张营业,正式为人刻手章。

李老先生家的房后有一棵梨树,是早年他爷爷从外县寻来的树苗亲手栽上的,每年花开如海,硕果满枝。他听县城刻字师傅讲梨木是刻手章的上等料子,便忍痛割爱,硬是把它砍了,请木工锯成一块块小木条作手章用料。为这事,老伴儿没少和他吵嘴:"每年靠它结果子给孩子们解馋,

李云峰 绘

还能换些油盐钱,这下好了,没了念想了。"每次吵嘴,李老先生总是劝老伴儿,刻了手章换回钱,想买什么买什么,还愁孩子解不了馋?

手章料子有了,接下来就是刻了。李老先生首先给本家叔伯刻手章。他用小楷毛笔在白纸上写好"XXX印",待字迹半干时,用手章坯子对准字用力按,字就印在了坯子上。此时的字是反字,按笔画用刻刀慢慢刻掉空白处,留下的就是反字人名,蘸上印泥后印在纸上,反字变成正字,一枚手章就算完成了。

自从学会刻手章这门手艺,李老先生首先想到本村的乡亲们。全村一千多户,每个户主一枚手章全村就是一千多枚。李老先生承诺:给一般家庭户主刻手章价格打对折,只收一半的成本费,五保户、军烈属、家庭特别困难的刻手章，分文不取。半年多的时间，全村千余户主每人有了一枚属于自己的手章，一个个那种主人翁的自豪感油然而生。

一千多枚手章，二百多个日日夜夜，李老先生足未出户，伏案战斗，右手食指中指间磨出了老茧，那份煎熬中的幸福感，那份枯燥中的惬意感，在日出日落中始终陪伴在他的左右。尤其是其中的四枚手章让李老先生记忆犹新，终生难忘——

第一枚是给一位老太太刻的手章。

这位老太太已过古稀之年，五十多年前由邻村刘家嫁到王家，丈夫在一次进山砍柴时跌落下山崖摔死了，留下一个五岁的儿子。以后的几十年中，老太太独自拉扯儿子长大直到娶妻生子，其间经历了土改、互助组、初级社、人民公社，每次运动或领取什么东西需要出具凭证时，都是会计事先写上"刘王氏"，再由老太太在上面按上自己的手印。

轮到给老太太刻手章时，李老先生没有征求她的意见便刻了个"刘王氏印"。老太太接过手章问上面是什么字，李老先生如实禀报。老太太一听火了："旧社会女人没地位，爸妈连个名号都不给取，嫁过后被人叫了一辈子刘王氏。这算什么名字？如今新社会了，我也要有个亮堂名字，我要带着响亮的名字进棺材！"

"您说个名字，我记下来，明天给您重刻一枚手章好吗？"李老先生不好意思地说。

"我早想好了，就叫'刘解放'！"老太太斩钉截铁。她见李老先生一个劲儿笑，问："怎么，重名了？"

"没有没有，我的意思是叫个珍呀凤呀的多好听，'刘解放'不像个名字，也叫不出口。"

"怎么不像名字，《红旗谱》电影里一个大姑娘把'解放'俩字绣到衣服前胸逛大街，多风光，证明妇女真的解放了！"

"好好好，照您的意思办，给您刻个'刘解放印'。"

手章刻好了，老太太把它当成心肝宝贝，专门缝了个小花布袋，装上手章揣在怀里，走到哪里带到哪里，家里也处处盖着手章印，锄把上草帽上，雨伞雨靴上，窗户纸墙画上，就连两岁的小孙子前额上，都印着"刘解放印"。她逢人便说："我有名字了，叫刘解放，真正当家做主人了，往后谁再叫我刘王氏，别怪我翻脸不讲情面。"说完，她自己先咯咯笑了。

第二、第三枚是给一对失明恋人刻手章。

小伙子四岁那年生病吃了游医的野药致盲，姑娘是邻村的，也是从小失明。二十几年来，他们不会写自己的名字，办什么事需要"验明正身"时，都是别人代签名。他们相爱两年准备结婚时，找到李老先生，说："给我们俩每人刻一枚手章，我们要把它印在结婚证书上，作为永久的纪念。"

李老先生告诉小伙子，结婚证书上的名字是民政局工作人员手写上去的，不用盖章。小伙子和姑娘异口同声：这些年我们没有自己写过名字，这次要行使一次自己的权利，亲手把名字盖在结婚证书上，民政局同志会同意的。

李老先生十分同情这对盲人恋人，专门挑选两块大一些的坯子，在小伙子手章的正面加刻了"白头"二字，在姑娘手章的正面加刻了"偕老"二字。刻完，李老先生对二人说："你们这对手章为纪念章，不作信义凭证用。平时游玩、购物什么的，需要时二人盖章留作纪念，以示二人心心相印，同愿同志。"

姑娘和小伙子听了兴奋不已，连声说："好极了，就让这枚纪念章首先留念在结婚证上吧！"

于是，在全县乃至全国成千上万张结婚证书上，第一次见到了两枚红艳艳的手章大印。

第四枚是给村里第一任民兵连长刻的手章。

这位民兵连长已经九十高龄了。七七事变后，日本军队向京西大举进攻，上级号召各地群众组织起来，抵抗日本侵略者。村里年轻人在民兵连长的带领下和日寇进行了殊死斗争,有效地配合八路军抗战。中华人民共和国成立后,老连长积极跟进,坚决维护党和人民的利益,被乡亲称为老而弥坚,壮怀未已。

如今,耄耋之年的老民兵连长终日食不知味,寝不安席,自感时日不多,越发觉得有一件心事必须尽快解决。于是,他派小孙子把李老先生请到家中,讲明他要申请入党,请李老先生刻一枚正规手章。

闻听此言,李老先生感动万分。他对老连长革命的一生心知肚明,一口应允免费为老连长刻一枚手章。

很快,这枚大红印章留在了老民兵连长的入党申请书上。然而,就在村党支部讨论通过他入党的同时,噩耗传来,老连长在医院过世了。医生说,老人走的时候很安详,脸上始终挂着笑意。

是啊,也许在他的意念中,已经知道村党支部讨论通过了他的入党申请吧。

随着公民身份证的出现,随着现代化电脑刻字技术的发展,手工刻手章的行当渐渐淡出人们的视线,李老先生的刻字铺也很快关门歇业了。然而,他几十年来为村里村外刻的成千上万个手章并没有消失,在农家的存钱罐里,在墙上挂日历牌的钉子上,人们还经常看到它们——

那一枚枚被印台染红了的精巧梨木手章……

　　裁缝铺，顾名思义，缝制衣服的店铺，是个古老的行当。铺子里大都备有布料标样、服装样式，客人用什么料子、做什么款式，选好交给裁缝师傅，按量好的尺寸进行制作。客人也可自带布料请裁缝师傅量体裁衣。

　　早年，裁缝铺在城里比较盛行，像北京城里的红都、花菱、造寸等裁缝铺就很有名。再往前，袁氏先祖经营的隆庆祥裁缝铺，因制作官服技艺精良名噪京华，乾隆皇帝曾御赐"天庆祥瑞"牌匾。

　　城里的裁缝铺，我只是从书本上读到，究竟什么样子没有亲眼见过，乡下的裁缝铺倒是有所了解。

邻村有个梁裁缝，五十岁了，严重罗锅，一天到晚总是脸朝黄土背朝天。据说七岁那年跟着父亲上山砍柴，从山崖上跌落下来，摔伤了腰部，虽经四处求医，终没治好。父亲考虑儿子将来干不了庄稼地里的活计，十三岁那年送他到县城一家有名的裁缝铺当学徒，只管饭，不给工钱，还要负责店铺里外的卫生，照顾师傅的饮食起居。他牢记父亲"不吃苦中苦，难得甜上甜"的叮嘱，起早贪黑，精心留意，苦学苦钻，八年时间，从量体、设计、剪裁，到缝纫机的使用、保养，都牢记于心，熟操在手。1953年时，他学习期满回到了家里。

父亲见儿学成而归，甚是高兴，指着墙角一架缝纫机说："前年分财主浮财时，我什么也没要，只把它搬了回来。"

那是一架日本早期生产的脚踏式缝纫机，据说是财主家大儿子给日本人干事有功，人家专门奖给他的。

梁裁缝上下打量着这架缝纫机：机身精美，机头轻巧，轻轻一蹬，锁式线迹，针脚匀称、密实、牢固。梁裁缝从心里往外乐。

梁家全家合计了两天，准备了五天，第七天，梁家门前竖起一块木质牌匾，上书"梁师傅裁缝铺"六个大字。全村第一家裁缝铺正式营业了。

没有不开张的油盐店。梁师傅裁缝铺的牌子刚竖起来，就迎来了客人。第一单生意是给本村一位新郎官做一身婚服。布料是自带的藏青色卡其布，属于当时最流行的。梁裁缝问小伙子做什么样式，新郎官说不出，只讲在农村穿得出去就行。那个年代，在城里最时尚的是中山装，农村人穿出去既显得有档次，也不觉得扎眼。于是，梁裁缝自作主张做中山装，当即量了尺寸，当天裁剪当天制作。

第三天，新郎官前来试穿。长短大小、宽窄肥瘦那叫一个合适，再对着镜子一照，偷着乐了，心里说："头一次见面，岳父母大人就直夸闺女有眼力，找了个俊气漂亮的女婿。过几天穿这身衣服去迎亲，还不把他们二老乐晕过去！"

第一炮打响了，村里人议论纷纷："一个二十出头的年轻人，手艺这么精巧，难得啊！""还得是磕过头拜过师的手艺人，做的活就是正规、地道！"也有的说："结婚是一辈子的大事，给新郎官做婚服当然要谨慎小心，不敢马虎。不知做普通服装怎么样，要是时间不拖、质量不减，那我们真服了。"

握有金刚钻，不怕瓷器活儿。

村东刘家儿子来到梁家裁缝铺，请梁师傅给他爹做一身衣服，八十寿宴时穿。梁裁缝放下手里的活，拿上软尺来到刘家。刘家爹刚躺下睡午觉。儿子要叫醒他爹，被梁裁缝拦住了："用不着，就这样量吧。"三下五除二，几组尺寸数字记在心里，问清布料质地、颜色要求，梁裁缝转身告辞。

刘家儿子把梁裁缝送出门外，一个劲地叮嘱："您费心吧，这是我爹第一件机制衣服，千万做好啊！"梁裁缝一边点头，一边重复着两个字："放心，放心……"

按照约定的时间，刘家儿子取回老爹的生日礼服。寿宴上，刘家老爹穿上礼服，坐在一家人正中，银灰色的府绸料子衣服匀称合体，丝滑亮泽，映着红扑扑的脸，显得分外矍铄有神。

一传十，十传百，村里人都知道刘家爹有一身精美的生日礼服，是梁裁缝的手艺。

梁裁缝受客户赞赏，不仅因为他经过八年的锻打，有一身过硬的技艺，还因为他在实践中不断发展、创新师父的经验。比如，师父总结的量体、画版、剪裁、缝制、熨烫"五步法"，他发展成为"八步法"，多了设计、制版、选料三步；他把师父关于保养缝纫机的要求编成顺口溜："用前空踏查杂音，零件损坏快换新；用后盖头抬压脚，针孔板里藏机针。"他严格按照制衣和机器保养程序一步步去做，一丝不苟，全神贯注，不仅做出的活计精致漂亮，还节约了成本，惠及了客户。很快，这个小伙子竟成了

远／去／的／老／行／当

梁裁缝受客户赞赏，
不仅因为他经过八年的锻打，
有一身过硬的技艺，
还因为他在实践中不断发展、
创新师父的经验。

李云峰 绘

当地缝纫行业里的翘楚，声名鹊起。

"做生活的主人，不做金钱的奴隶。"这是梁裁缝给自己定的座右铭。他心地善良，惜民无私，从不以艺技超群狂收巨揽，欺行霸市。有这样一件事，人们至今记忆犹新——

村里一青年，本来在工厂当工人，1979年，他毅然决然辞退了工厂的工作，响应国家号召应征入伍了。那个年代当个工人很让人羡慕。梁裁缝觉得这个青年不简单，他的行为不仅体现了无私的爱国精神，还是对"好人不当兵，好铁不打钉"落后观念的猛烈冲击，值得鼓励和学习。能为他做点什么呢？梁裁缝思忖了两个晚上，做出了一个大胆的决定：为这个青年的父母免费各做一套服装，让老人体面、风光地站在送子参军的队伍中，欢送儿子去保家卫国。

梁裁缝的义举被村委会大加赞赏。村长带着班子成员给他送来了一面锦旗，上面写着八个金光闪闪的大字：支援国防，行业榜样。

接过锦旗，梁裁缝心里有些不安。他向村领导们说："保家卫国，人人有责。我要不是这个身子骨，也一定报名参军。凭手艺给军属做件衣服不值一提，比起豫剧表演艺术家常香玉为抗美援朝捐飞机，我这算什么？"说完，他当着村长的面表态承诺：往后村里每年不管有几个人参军，军属"送子参军服"他全包了。

长恨人心不如水，等闲平地起波澜。就在梁裁缝的事业如日中天的当口儿，发生了一件不该发生的事件。

这天上午，裁缝铺里来了一位老妇人，老人比梁裁缝的母亲还要大几岁。进得门来，老人把一件已经做好的上衣扔在了案板上，恶狠狠地说："你把我儿媳妇这件上衣的料子弄错了，虽说都是紫花洋布，可我们那块料子比这个好多了，是你给调了包，做买卖可不能这么坑人啊！"

梁裁缝从案板上拿起衣服一看，很快记起大前天中午一个中年妇女来做上衣，带的布料就是这件衣服的料子，赶忙上前解释："我家铺子里没有这种布料，也没有和这件上衣相似的料，怎么可能弄错、调包呢？"

"有没有这样的布我不管，反正你得赔我损失！"

你一言我一语，两人争论不休。

从老太太一进门，正在猪圈起粪的梁裁缝的爹就觉得不对劲，赶紧扔下手里的活计去找村里的治保主任。治保主任听了情况介绍，立即来到裁缝铺。

铺子里，两人还在争论。见治保主任来了，那位老太太压低了声音说："算了算了，不跟你计较了！"说着，从案板上拿起那件衣服就要走。治保主任拦住了她，说："往后说话做事动动脑子想想后果，别脑瓜子一热就胡来！"

老太太挨了治保主任批评，悻悻地走了。

梁裁缝不解："您一进门，老太太就蔫了下来，他怎么那么怕您？"

"还不是因为您爹土改分浮财时搬走了它！"治保主任指着眼前那架日本产脚踏式缝纫机说。

梁裁缝恍然大悟。

一切恢复了往常。梁裁缝继续承接着来自四面八方的活计，继续守护着"军属送子参军服"的承诺。

20世纪80年代中期，随着市场经济逐步深化和消费结构的不断调整，街面上大大小小的服装店比比皆是，各种款式的服装应有尽有，人们（包括农人）很少买布请裁缝做衣服了，梁家裁缝铺也逐日马息人稀，门可罗雀，最终摘下牌匾，连同那台老式日本产缝纫机，统统装进了厢房的杂物间。

一日，闲来散步从梁家门前经过，已经苍老许多的梁裁缝正坐在家门口的大石头上乘凉。我和他打招呼，问他为何关店闭铺，是否身体不做主？他深吸了一口烟，然后扔给我一句话：身体没大毛病，再干十年也不成问题，可是你看看，如今街面上谁还穿手艺人做的衣服！

那没办法，时代变化了嘛，信息化、现代化、高科技是社会发展的大趋势啊。我心里这样想着，可总觉得有些惆怅……

锔盆锔碗

"太阳出来暖洋洋，挑起担子走四方，今天不往别处去，就奔东边王家庄。"

这是我家乡的一出地方戏《锔大缸》开场的几句唱词。儿时，村里每年春节都要唱大戏，每台戏的拉场都要唱这出《锔大缸》。大人们说，用《锔大缸》作为拉场戏，一是给后边戏的演员留下足够的化妆和熟悉戏词的时间；二是吸引观众，告诉乡亲们戏就要开始了，快来看吧。

《锔大缸》演的是乡下一个锔盆锔碗手艺人与一个农村中年寡妇的爱

情故事。我这里不介绍这出戏的详细内容，只讲和戏中人物做同样活计的手艺人的故事。

这个手艺人在我的老家走街串巷做生意多年，人们不知道他叫什么名字，只知道他姓李，都叫他"锔碗李"。

锔碗李五十岁左右，黑黑的脸庞，一看就知道是个饱经沧桑的乡下手艺人。他个头不高，小时候遭遇过一场车祸，左脚落下了残疾，走起路来有点跛。他的父亲是当地有名的锔盆锔碗高手，锔碗李遇车祸后腿脚不利索，干农活不方便，从八岁起父亲就带着他走东串西，向他传授锔盆锔碗的手艺。

锔碗李十六岁那年，父亲一场大病撒手人寰，锔盆锔碗用的"一根扁担两只箱"从此就传给了锔碗李。

要说李家最值钱的家当也就是这两个箱子。其中一个箱子里装着各种锔子，有大的有小的，有粗的有细的，有铁质的有铜质的，还有大小不同型号的锤子。另一个箱子里装着三把钻和不同规格的钻头，还有一个小铜锣和两个小铁球。

两个箱子分别拴着两根小手指粗的绳子，绳子头打成结。出摊时，把拴箱子的绳子结套在扁担两端，其中一端挂上那个小铜锣和两个小铁球，走起路来铁球击打铜锣，发出清脆悦耳的响声，一里地开外都能听到。

自从父亲死后，锔碗李就接过这副担子独自做生意。然而，尽管他拼死拼活干，那条跛腿还是给他带来不少霉气，半百的人连个媳妇也没讨上。不过，他倒是蛮乐观，对生活一直没有失去信心。他说，跛腿怎么了，照样能挣饭吃，再说了，跛腿挑担子不用扭腰摆臀，小铜锣自动叮当响，有破盆破碗的主人在屋里就能听到，奔着响声就来了。

就是这一根扁担两只箱子，支撑着锔碗李的全部生活，装满了他的真挚情愫，述说着他那丰富动人的人生故事。

锔碗李是个性情中人。他自己吃苦受累可以，却看不得别人受苦，穷苦人盆碎了碗打了，虽说材质低劣，不值几个钱，总是不舍得扔，锔盆锔碗的过来，送过去钉几个锔子照样用。每逢遇到这样的顾客，锔碗李总是精心设计，在保证质量的前提下，能少用一个锔子就少用一个，为顾客节省几个钱。

这天，一个六十多岁的老太太抱着一个裂了四五片的泥盆，颤巍巍地来到锔碗李摊前，问他能不能修、要多少钱。

锔碗李接过泥盆，仔细打量了一番，心里盘算：从破碎的程度看，至少需要钉二十个锔子，这样算下来，花的钱不如买个新泥盆。老百姓过日子难处多，老太太要是有钱，泥盆坏成这样早扔了，何必来修呢？

"这样吧，我给您钉十一个锔子，收您十个锔子的钱，那个锔子算是送您的。我给您修好后只要不摔，保您再用十年！"凭着高超的手艺，锔碗李才敢揽这样的瓷器活。

"谢您了！"老太太听了锔碗李的一番话，一拍大腿，高兴地说，"前两天来了一个锔碗的，说我这盆要钉二十五个锔子，花的钱够买个新盆了，我不干。像您这样的手艺人，心善，该活一百岁……"

锔碗李连连摆手，埋头干他的活计了。只见他从一只箱子里掏出一个绳球，绳子像老太太头上的簪子那般粗细，先把破泥盆片按原来的位置一一对好，然后用绳子一圈一圈地把泥盆绑好固定，再用石笔在需要钉锔子的地方做上记号。一切准备停当后取出钻开始钻孔。

钻是锔碗用的重要工具，由钻杆、钻头、钻弓三部分组成。钻杆是木质的，下端镶一方形铁孔，用来安装钻头用。上端安一圆锥形铁柱，用时扣一小铁帽在上面。钻弓也是木质，两端各拴一根皮条（也有用结实的绳子的），皮条的另两端固定在钻杆上边的圆锥形铁柱上。钻孔时先把皮条绕在钻杆上，左手捻着上边的铁帽，右手来回拉动钻弓，钻头就转动起来，盆碗上就钻出需要的孔来，把锔子钉进孔中，抹上油灰，破物件就算修好了。

像这样的钻，锔碗李一共有三个，配合不同的钻头，用来对付不同材质的盆碗。这三只钻是父亲自己做的还是买的，锔碗李也不得而知。

锔碗李根据老太太泥盆裂痕的走势，在上面钻了二十二个小孔，用小锤把锔子牢牢钉在上面，又在锔子处和裂缝上面抹了三遍油灰，然后解下缠在泥盆上的绳子，放在地上用手一敲当当响，与新盆发出的声音没什么两样。

老太太付了钱，又是一阵子感谢，抱起泥盆兴高采烈地回家了，边走边自言自语地嘟囔："这样的手艺人，心眼好，该活一百岁、一千岁……"

性情中人锔碗李有时候也挺犟。当然他的犟是冲着有钱又小气的人来的，有时犟得甚至翻脸不认人，让你下不来台、收不了场。

张村有个少妇，油头粉面，衣着讲究，靠公公开黑煤窑赚黑钱发了财，在十里八村算个拔尖儿的富裕主儿。

钱迷眼，色乱心。少妇凭着有俩钱，生活上趾高气扬，净结交些不务正业的狐朋狗友，三百二百的花钱满不在乎。这么一个人却常跟手艺人计较，变着法儿少给人家几个钱。

这天锔碗李来到村里，刚铺开摊子，少妇便扭着腰肢来到摊前。

"锔碗的，给我修修这个！"少妇说着，从怀里掏出一个蓝边粉花细瓷碗递了过来。

锔碗李接过碗看了看，头也没抬说："一毛五分钱，保你用三年。"

"哟哟哟，那么多钱，一毛吧！"

"不行！"锔碗李硬邦邦地回了两个字，继续干他的活计。

"不行拉倒！"少妇恶狠狠地吐出了嘴里的瓜子皮，揣起碗，扭着腰肢走了。

第三天，锔碗李又来到村里。少妇听到小铜锣响，知道锔碗的来了，赶忙揣上那只破碗从家里出来，见还是锔碗李，急忙退了回去。过了好一阵子，一个五十多岁的老太太拿着一只碗让锔碗李修。锔碗李一看，正是

远 / 去 / 的 / 老 / 行 / 当

锔碗李总是精心设计,在保证质量的前提下,能少用一个锔子就少用一个,为顾客节省几个钱。

庄明正 绘

三天前那个少妇要修的那只碗，心里明白了，说："一毛五分钱，保你用三年！"

那人没有说话，接过碗扭头走了。

又过了几天，锔碗李又来到村里。听到小铜锣叮当作响，少妇揣着碗扭着腰肢过来了，见还是锔碗李，机关枪似的打开话匣子："我说你这老头儿怎么回事，非要一毛五，少点就不行吗？我这碗正经八百景德镇瓷，你看，太阳光能照透呢，扔了可惜，所以让你给修修。这样吧，我给你一毛三分钱行吧？"

"不行！"锔碗李很干脆。

"非要一毛五？"

"不，一毛八！"

"怎么倒多了三分？"

"你这碗要钉五个锔子，一个锔子三分钱，五个就是一毛五。你来了三次，消耗了我的脑力，浪费了我的时间，耽误了我的生意，所以要加收三分钱。"

听了锔碗李的话，少妇气得说不出话来，揣上碗怒冲冲地走了。

锔碗李望着少妇的背影，向围观的孩子们使了个鬼脸，逗得孩子们一阵哄堂大笑。

听到笑声，少妇以为锔碗李在说自己的闲话，扭过头回了一句："小气鬼！"孩子们又是一阵哄堂大笑。

跟着父亲学手艺多年，锔碗李对瓷、陶、土质盆碗很有研究，顾客拿来破裂的盆碗来修，他一眼就能看出是什么材质、哪个窑厂烧制的。就因为有这本事，他被县文化馆聘为业余文物员，还因为发现并上交过有价值的文物，获得过上级颁发的荣誉奖状呢。

有一年家乡闹春荒，有的人家不得不讨饭吃。一天，村里来了一对衣衫褴褛的母女沿街乞讨。妈妈四十多岁，蓬乱的头发，满脸污垢，上衣的一只袖子不知是被狗扯的还是被树枝划的,开了一个大口子,露出半个黑乎乎的胳膊,脚上的那双布鞋破得露出三对半脚指头。小女孩六七岁的样子,头发稀疏泛黄,头顶长了几块疥疮,蓝袄黑裤,光着两只脚。她的妈妈在一户人家门前站着,嘴里不停地念叨什么,举着半个瓷碗等主人送吃的出来。小姑娘见锔碗李在墙根下做活计,举着另外半个碗跑过来看热闹。

"怎么拿半个碗讨饭?"锔碗李问小姑娘。

"妈妈捡回来时碗就是裂的,装粥盛菜都漏水,妈妈就掰开了给我一半。"

"跟你妈说说,我给你们修好,保证不再漏。"

小女孩跑过去告诉了妈妈。妈妈瞟了锔碗李一眼,像是生气了:"哼,连讨饭人的钱也想挣!"转身对小姑娘说:"我们一人一半,用着便当,挺好,不用他修。"

此后一连几天,锔碗李多次在村里看到这对讨饭母女。不知是怕锔碗的再拉生意还是怎么的,母女俩总是躲锔碗李远远的。

终于有一天,锔碗李与母女俩碰了个对面。他放下担子,从一只箱子里取出一只碗,对小女孩的妈妈说:"妹子,我这里有一只好碗,送给你,你们那只破碗由我来修,不收钱,修好后还给你们,这样你们母女俩一人一只碗不更便当吗?"

小女孩的妈妈听了半信半疑。于是,锔碗李给她详详细细地解释了一番。

我们那一带有"偷碗"的习俗。人死了,棺材前摆上供品,供有各种菜肴、果品,另盛一碗米饭放在最前方,饭上插几根高粱秆,高粱秆顶端插上面团,在油灯上熏黑,我们那里叫"打狗棒",防猫狗来偷吃供品。出殡时,将菜肴装进一个小罐子里,随棺材入土,那个装"打狗棒"的碗扣在坟头上。当天夜里三更后,人们争相"偷"坟头上的碗,拿回家给孩子用。据说孩子用这个碗吃饭,不生病,好养活。

锔碗李自从见到讨饭的母女俩,觉得她们太可怜了,本想给她们修好那只破碗,谁知有情反被无情误。恰好不久前他们村有个老者去世了,于是锔碗李便想起了讨饭母女的破碗,想到了"偷碗"这档子事。

听了锔碗李的解释,小姑娘的妈妈觉得错怪了这位手艺人,一把拉过小姑娘,一边给他磕头一边赔不是。

白天生意繁忙,锔碗李晚上回到家拿出讨饭母女的破碗正想修理,忽然发现这只碗有点眼生,和他过往修过的所有碗都不同。他拿到灯前仔细端详,但见这碗粉青紫口,釉色晶莹,外面布满了冰片状裂纹,材质、纹路、釉色都很特别。

衣不如新,瓷不如旧。这只碗兴许有文物价值呢?锔碗李思忖着。

浓稠夜色,月光融融。屋外树上的知了叫累了,休息了,唯有锔碗李不敢懈怠。他用了整整一个晚上,分外用心地把这只碗修好了。

第二天,锔碗李放下生意,跑了二十里山路到县文化馆,把那只碗送到了文物助理小赵手里。赵助理端详了好一阵子,觉得在哪本书上见到过这种材质、纹路的瓷片影印资料。他谢过锔碗李对文物工作的关心和支持,并告诉他,自己拿不准,待请上级文物专家鉴定后再给予答复。

一个星期后,赵助理跑来找锔碗李,告诉他这样一个好消息:经专家鉴定,这只碗已经有一千多年的历史了,由景德窑烧制,虽不是朝廷专窑专烧,也是按朝廷统一标准验收后面市的,是堪称五大名瓷之一的景德镇官窑瓷,我们这一带尚未发现过,很有研究价值。他这次来,就是要了解这只碗是从哪里得到的,是地上的物件还是地下的东西,地上是谁家的,地下是从哪里出土的。赵助理还告诉锔碗李,上级为表扬他关心爱护文物的精神,特发给他一个大红奖状和二百元奖金。

锔碗李听了赵助理这番话,激动得不得了,一口气把这只碗的来龙去脉和盘托出。他让赵助理放心,一定把他提出的问题搞清楚,过几天明明白白地向他汇报。

送走了赵助理，锔碗李便边做生意边打听讨饭母女的下落。终于有一天，他打探到讨饭母女是县城南村人，于是带上奖金专程赶到南村。

村里人告诉锔碗李，讨饭母女家门不幸，小姑娘两岁那年，父亲进山砍柴，跌下山崖摔死了，妈妈神经受了刺激，隔三岔五犯病，犯病时一会儿哭一会儿笑，有时还脱光身子满街跑，村里人凑钱把她送进医院治疗。在医院，她惦记孩子，病情刚好转就出院回到了家里。她说，就是讨饭也要把看病的钱还给村里。从此，整天外出讨饭，谁也拦不住，这不，十几天前的一个晚上在讨饭回来的路上，掉进一口深井里淹死了，留下一个孤苦伶仃的孩子。

村里刘村长对锔碗李说："那个小姑娘如今已经免费进学校读书了，有村里照顾，生活没问题。"至于那只碗的来历，刘村长说："她们母女四处讨要，说不准是谁给的或在哪捡的，如今孩子妈没了，孩子又小，恐怕也记不得了。这样吧，我抽时间问问孩子是从哪里弄来的，完了给你回话。"

赵助理交给的任务没有完成，锔碗李很是失落。临走，他把上级奖励的二百元钱交给了刘村长，请他转给小姑娘。刘村长接过钱说："我先替她保管，将来上大学用得着。"

这就是手艺人锔碗李的几个故事。几十年了，他用那根扁担挑起了繁重的生活负担，用那三把钻探寻着生活的真谛，用那一个个锔子修补了千家万户生活的裂纹……

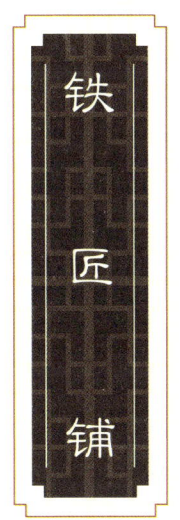

"叮叮当,叮叮当……"东方刚露鱼肚白,村边的铁匠铺里就传来了锻打铁器的响声。

铁匠铺的主人姓刘,铁匠世家,传到刘师傅这辈,是第四代了。如今,五十岁的刘师傅带着二十五岁的儿子继承着刘家祖业,传承着刘家祖辈的手艺,经营着这个惠及方圆几十里农耕人家的铁匠铺。

铺子不算大,是从自家临街住房后檐墙接出来的一排敞棚,高两米五多,宽三米,长五米,棚子里一头垒一座一米高的炉子,旁边摆一架老式风匣，一个脸盆大的砧子牢牢地架在一个半米高的大木墩上。棚子另一头堆放着铁条、铁板、铁块等各种形状的铁料，墙上挂满锻打好了的锄、镐、锹、镰之类的成品，等待订家前来取货。

刘师傅从十三岁起跟着父亲学打铁，到了二十岁，祖辈传下来的打铁手艺已经炉火纯青了。然而，他的父亲老了，举不动铁锤了。一个人无法打铁，眼看铁匠铺就要关门谢客了。刘师傅想了个妙招：娶个身强力壮的媳妇回家，给自己当助手，让她边干边学，好歹支撑着祖辈传下来的铁匠铺，别让它熄火关张。

主意已定，刘家公开了娶媳妇的标准：身高一米六以上，体重一百三十斤开外，粗壮力大，无病无灾。

那个年代在农村有个实体营生，天天能见活钱，生活殷实，是农家女争相攀爬的"高枝"，何况刘家的选人标准是嫁人比较困难的粗壮型姑娘。所以大榜一经贴出，"应试者"接踵而至。经全家左挑右选，一膀阔腰圆的赵家女中的。

赵家女进刘家月余，开始熟悉铁匠铺，先是拉风匣、练抡锤、敲打固定点、掌握打铁程序等。两个月后，正式"上岗"试用。好在赵家女小时候念了几年书，外表粗犷内心灵秀，经过几个月熏陶，已经初步掌握了打铁的基本流程和技术，刘家铁匠铺又接续上了香火。

寒来暑往，日月轮回。一晃十五年过去了，赵家女的儿子初中毕业了。这天，刘师傅和媳妇商量，终止儿子学业，让儿子跟他一起学打铁，把媳妇替换下来，别再跟着自己吃苦。媳妇明白丈夫的好意，但她说什么也不同意儿子不上学，说读书才能长本事改变命运，只要儿子能考上，读高中念大学她都支持。

也许是天意，刘师傅的儿子那年没考上高中，不得不回归铁匠铺，接替了母亲的角色。

前三天，儿子觉得蛮新鲜，情绪十分高涨。十天之后，胳膊变粗了，脸庞变黑了，虽穿着厚厚的护身围裙，衣服还是被飞溅的火星儿烧出许多小孔，右脸颊还被烫伤了两处。他挺不住了，向父亲提出要打退堂鼓，寻思着干别的营生。

刘师傅望着儿子消瘦的体格，着实有些心疼。但他没有心软，斩钉截铁地对儿子说："你不要胡思乱想，铁匠的儿子除了打铁，我不会叫你干别的营生。"

"打铁能打出啥名堂？刘家打了几辈子铁，盖了多少房子置了几亩地？"儿子反问。

这话一出口，刘师傅的肺都快气炸了。他扔掉手中的锤子，拉着儿子进了屋，打开一只木箱子，从里面取出一个红布包，打开，露出一个玻璃镜框，里面夹着一张奖状，上面写着"奖给刘铁匠铺——抗日先锋，爱国模范"。刘师傅把奖状推到儿子面前说："你不是讲打铁打不出名堂吗？这就是打铁打出的天大的名堂。"接着，他讲了一段发生在刘家的激动人心的往事——

七七事变后，日本人一路向西烧杀劫掠。县里发动群众配合八路军抗击日本侵略者。刘师傅的爷爷是村里的民兵，村干部研究如何打日本保家乡时，有的人提出把老人小孩转移到山里去，留下青年抵抗日军。刘师傅的爷爷提出，我们没有枪，赤手空拳抵抗日军会吃亏的，我有手艺，会打大刀，全村民兵每人一把大刀，能阻止日本人进村祸害百姓。村干部认为这是个高招，同意刘师傅爷爷的意见。

五天五夜，刘家铁匠铺炉火通明，铁锤翻飞，火花四溅，二十把锃光闪亮、锋利无比的大片刀锻打出炉，全村民兵人手一把。

一日拂晓时分，一队日本兵趁乡亲们还在梦乡，偷偷进村妄图大捞一把。日夜坚守在民房上面的民兵纵身一跃，瞄准日本兵一顿砍杀。敌人还没缓过神来，一个个成了刀下鬼。

正是靠着这二十把大刀，民兵们接连砍死百余个日本兵，吓得敌人再不敢前来骚扰、祸害百姓。就为这，在县里召开的表彰大会上，县长亲手将写有"抗日先锋，爱国模范"的大红奖状交到了刘师傅爷爷的手中。

讲完二十把大刀的故事，刘师傅还讲了"王麻子剪刀"的故事，讲了河北"保定三宝"中铁球的故事。他语重心长地对儿子说："王麻子剪刀成为品牌畅销全国远销世界，保定铁球作为国礼馈赠外宾，我们刘家锻打的大刀杀退敌人保家乡，这就是名堂，这就是打铁打出来的天大的名堂。作为刘家的儿子，不能朝三暮四，更不能怕苦怕累。咱爷儿俩敞开膀子干吧，继承先辈的传统，让这小小的铁匠铺炉火更旺，创造出无愧先人的更大的名堂！"

铁匠精神，铁匠铺的光荣史，刘师傅掏心窝子的话语，深深打动了儿子，感染了儿子。自此，他那颗浮躁的心踏实下来了，稳定下来了，刘家铁匠铺的炉火越发旺盛，叮叮当当的锤打声更加悦耳动听，父子俩用心智和汗水延续着打铁这一古老的行当，造福着十里八乡的广大农人：该春种了，他们日夜苦战，为农户打造出优质锹镐；快夏收了，他们加班加点，为农户打造出足够的镰刀；秋收秋种，十万火急，刘家父子早已备足了所需农具，就连骡马牲畜的铁掌都按大、中、小三个型号备好了存货。

这天，邻村一长者进得刘家铁匠铺，一不买镐二不买锹，问刘师傅打不打封棺用的棺钉。刘师傅拉过一个木盒子让来者看，里面装满了棺钉。长者看了看摇头说："这样的棺钉我们村就有，我来找您是想特制几枚上档次的棺钉。我九十岁的家父是村里的第一位党员，是县抗日救国队的副大队长，走南闯北闹革命，被日本兵的子弹打穿了一条腿，中华人民共和国成立后住进荣军疗养院，享受残疾军人的待遇。眼下因心肺功能衰竭正在医院抢救，医生已两次下达病危通知。我们全家做出决定，一切后事按高规格准备，别的已准备就绪，只差这封棺的棺钉了。"

刘师傅听罢长者介绍，一赞他的父亲为革命劳苦功高，二赞他重死厚葬孝顺有加，连忙回答："请老哥放心，我一定做出您满意的棺钉，不枉

远/去/的/老/行/当

刘家铁匠铺的炉火越发旺盛,
叮叮当当的锤打声更加悦耳动听,
父子俩用心智和汗水
延续着打铁这一古老的行当,
造福着十里八乡的广大农人。

李云峰 绘

您的一片孝心。"

当夜，刘家父子拿出纸笔，边画图边讨论，试图设计出有新意的棺钉图样。儿子提议，把做好的棺钉先镀铜再抛光，金光闪闪，档次倍增。刘师傅不同意，认为客户所说的档次不是指材质和外表，而是指内容指寓意，内容和寓意要符合逝者的身份和后人的心愿。最终，父子俩达成一致：用普通铁质材料，钉帽分方、圆、菱三种形状，上面分别打印"福、寿、禄"三字，寓意生者愿逝者安息，尽享极乐荣华。

是日，长者前来取货，一见棺钉其形、其字，立即双手抱拳，敬谢刘家父子，并付高价以谢刘家父子良苦用心。

刘师傅婉言谢绝，说："是老哥激发我破除俗套，创造了棺钉新样式。货款分文不收，就当我孝敬令尊和感谢老哥给我的灵感。"

长者老父下葬那天，全村老少齐出动，县、乡还来了不少干部，为这位有功之臣送行。人们意外发现这种寓意深刻的棺钉，不约而同为其叫好。自此，刘家铁匠铺又多了一个棺钉品牌，求者络绎不绝。

最让刘家父子引以自豪的，要数20世纪50年代末市政府奖给刘家铁匠铺的那面大红锦旗。

这年春节前，县、乡、村三级层层传达市政府关于在北部山区修建一座中型水库的决定。任务下来，各县、乡、村根据自身劳力和经济状况，分摊出工人数和各种施工工具。由于村里有铁匠铺，乡上交给刘家父子打造三百把铁镐、三百把铁锹、三百把钢钎的任务，乡长还专程赶到刘家做具体交代。刘师傅向乡长承诺：修建水库造福黎民，天大的好事喜事，请领导放心，刘家就是拼掉肉累吐血，也要按时完成任务。

拍了胸脯，立下"军令状"，刘家父子没了退路，千方百计也要啃下这块硬骨头。

腊月二十三小年刚过，刘家父子便投身到了"三个三百"的战斗中。他们每天凌晨三点起床做准备，四点多钟开始战斗，晚上十二点结束一天的工作,每天睡眠不足三小时。大年三十夜,家家户户燃起了烟花,响起了爆竹,一派祥和喜庆的热闹景象。刘家铁匠铺里炉火通红。父子俩异口同声:今夜全民同乐,不用担心扰民,咱抢时间赶进度干他个通宵。父子俩放下守岁饺子的碗筷,抄起铁锤干了起来。那叮叮当当的锤打声与噼噼啪啪的爆竹声交织在一起,犹如一曲迎春圆舞曲响彻在新春佳节夜,清脆悦耳,直冲九霄。

那一夜,父子俩锻打出二十把铁镐、二十把铁锹、二十把钢钎,是平时日工作量的一倍。

雨水节刚过,春雷始鸣,万物萌动,水库工程开始了。村里百名青壮年劳力连同刘家父子打造的九百件施工工具一同来到工地,投入到本市一场浩大工程中。

从那天起,整个工地人声鼎沸,车马穿梭,好不热闹。但见,山顶彩旗招展,熠熠生辉;山下肩挑人抬,你追我赶;扩音器里不时传来挑战书、决心书的广播声。那场面、那声势,可谓翻江倒海,撼天动地。

工期两年,县里组织二十四次流动红旗评比。自从第一次评比夺得红旗后,流动红旗不再流动,一直挂在该村工地指挥部。这得益于刘家铁匠铺打造的工具镐不崩、锹不卷、钎不断,为工程进度赢得了时间,让其他县、乡、村施工人员羡慕不已、刮目相看。在县前线指挥部召开的总结大会上,村长和刘师傅一起登台从县长手里接过市政府颁发的大红锦旗,旗上印着"兴修水利先锋,造福百姓有功"十二个金光闪闪的大字。

20世纪50年代末,人民公社化后,集体经济大发展,公社成立了农具厂,刘师傅被聘为厂里的顾问,儿子被任命为厂长,传承几代的刘家铁匠铺至此熄火闭炉,而市政府颁发的那面锦旗连同早年那张"抗日先锋,爱国模范"的奖状,却一直端端正正地挂在刘家铁匠铺大门的两边。

锦旗、奖状,昭示着刘家铁匠铺的曾经;奖状、锦旗,述说着刘家铁匠铺的过往。

刘家烧锅

烧锅,旧时对酿酒作坊的称谓。

家乡有个刘家烧锅,享誉方圆几十里。谁家置地盖房子、娶老婆生孩子、给老人祝寿送喜葬,都要到刘家烧锅买酒办席。就连邻县人也常推着车子、背着罐子跑几十里路到刘家烧锅买酒,或自喝或倒卖,邻近的十几个杂货铺卖的酒也是从刘家烧锅进货的。

刘家烧锅的主人姓刘名恩。刘恩家的酒之所以受欢迎,按他自己的话说,他的酒是纯粹的上等高粱作原料,以中温大曲作糖化发酵剂,经固态人工泥池双轮发酵酿造并经精心勾兑而成，酒体纯正，酒精度适中，无杂菌无异味，绵柔香醇，饮后口不干、不上头。

一个名不见经传的小山村，竟有这么个受欢迎的酒作坊，着实有些神秘感。经打探，刘家烧锅还真有些来头。

卢沟桥事变后，日本鬼子的铁蹄踏进京西，到处烧杀抢掠。这天黄昏时分，一队日本兵闯进刘家，强行拉扯他家唯一的一口肥猪，说是要杀肉犒劳弟兄们。

这口猪是准备卖掉换钱给刘恩妈看病的，所以刘家夫妻俩死死护着猪不让日本人拉走。日本兵气急败坏，一枪托打在刘恩妈妈胸部，只听"哎哟"一声，刘恩妈倒在了地上。刘恩爹一手拽着猪尾巴，一手摇晃着妻子。一个日本兵见他死死抓着猪尾巴不放，举起刺刀刺了过去，瞬间一团肠子从肚子里涌了出来。

那年刘恩才五岁，他是藏在被子垛后面才躲过杀身之祸。

躲过一劫的刘恩从此成了孤儿。村里人可怜他，可那时谁家也不富裕，没有能力独自抚养这个孤儿，只能这家养一天那家养一天。到了上学的年龄，村干部出面和学校商量，免除了他的一切费用，接受他到学校读书。就这么着，小刘恩吃着百家饭、穿着百家衣长到了十几岁。

刘恩十四岁那年，日本宣布投降，抗日战争结束，日子太平了许多。这时的刘恩寻思，自己长大了，不能再依靠村上乡亲们养活，该自食其力了。于是，他不辞而别，离家出走了。他说，不辞而别是怕村干部和乡亲们不让他离开村子，离家出走是到外面闯闯，学个手艺回来。

在刘恩的记忆里，村里一位老者给他讲过一个"板城烧锅"的故事：察哈尔省①有个下板城村，那里有个酿酒作坊。一天，乾隆皇帝和纪晓岚微服私访，行至下板城村，老远就闻到酒香。二人循香而进庆元亨酒店。乾隆皇帝诗兴大发，要与纪晓岚作对联助兴。他先声夺人作出上联：金木水火土。让纪晓岚对下联。纪思忖片刻对出下联：板城烧锅酒。五个字中

① 察哈尔省：建于1912年，中国旧省级行政区，1952年11月撤销察哈尔省建制。

有金、有木、有水、有火、有土。乾隆听罢连称"好酒好联",随即趁兴御笔手书"板城烧锅酒"赐予小店。自此,"板城烧锅酒"声名鹊起,享誉四海。

这个陈封的故事,打开了刘恩的心路:走,到下板城学酿酒手艺!

几经周折,从没离开过家的刘恩风雨兼程,一路乞讨,一个多月后找到下板城。在那里,他不要工钱,只求管饭,勤学好问,日夜苦干。掌柜的见他忠厚老实,没爹没妈怪可怜的,便把酿酒的流程甚至秘方一股脑儿告诉了他。

整整三年,刘恩学得了一手酿酒好手艺。十七岁时回到村子。他向村干部讲述这几年在外学艺的过程,并谈了在自家老宅院里办烧锅酿酒的想法。村干部听了觉得靠谱,便同意了,并从资金、人力、原材料等方方面面给予支持。经过紧张的准备,这一年年底刘家烧锅试生产了。

到底是经过专门训练的手艺人。刘家烧锅第一锅酒出锅了,刘恩送全村每家一份品尝。

第二天晚上,刘恩把村干部和几名村民代表集中在烧锅坊开了个会,会议有两项内容,一是请大家介绍品尝刘家烧锅酒的感觉,提出改进意见;二是他要当着众人的面郑重宣布,从今天起,他改叫刘报恩,意为报答国家和乡亲们的养育之恩。

"刘家后生改名了!"

"刘家后生会造酒手艺了!"

"刘家后生能养活自己了!"

村里人奔走相告,庆贺这个可怜的孤儿长大了,能自食其力了,能顶起刘家门户了。那些年长的爷爷奶奶们看到眼前的刘家后生,禁不住地抹眼泪说:要是刘家爹妈还活着多好啊。

对于乡亲们的议论,刘报恩并不完全同意。因为他出走学手艺的目的,并不完全是为了自食其力和挑起门户过自己的日子,而是为了多挣钱报答

远/去/的/老/行/当

刘家烧锅第一锅酒出锅了,刘恩送全村每家一份品尝,并当众宣布,从今天起他改叫刘报恩,意为报答国家和乡亲们的养育之恩。

李云峰 绘

国家、报答乡亲们。

怎么报答？刘报恩早有计划：村民买酒，酒价减半；特殊情况，酒价全免；逢年过节，送酒一坛；村里有难，全力支援。

这是刘报恩给自己订的第一个"三年计划"。他严格执行这个计划，不折不扣地兑现承诺。

村东李姓一家一个月中走了两位老人，从看病抓药到去世安葬，几乎把李家儿女压垮了。刘报恩找上门来说："甭为办席招待亲朋发愁，菜钱、用酒我全包了！"

闻听此言，李家儿女跪地叩谢。刘报恩赶紧扶起，不好意思地说："哪有这般礼数，当年大伯大娘没少疼我，如今他们的儿女遇到了坎儿，我伸手帮忙难道不该吗？"

村里的柿子、红枣等山果这些年连年丰收，因没有像样的路运不出去，换不来钱。村干部决定修一条通往镇子的简易公路，发动全村有钱出钱有力出力。刘报恩第一个站出来，一次就拿出五千元。

1953年，村里成立了全县第一个高级合作社，走上了农业集体化道路，受到了县委、县政府的通报表彰。村里举行了庆祝大会，县评剧团专门为村里唱了两天大戏。为了助兴，刘报恩每家送酒一坛。那几天，全村家家炖猪肉，户户飘酒香，那个高兴劲儿好像是过年一样。

"这后生算是有良心，当年老少爷们儿、婶子大妈们没白疼他、爱他……"

乡亲这样评判着、认可着刘报恩。可是，就在他的第一个"三年计划"结束后，他对村里和乡亲们的事不很热心了，就连"村民买酒，酒价减半"的承诺都不算数了。人们议论：刘报恩变了，变冷漠了。

其实，乡亲们误解了，刘报恩一点也没有变。这个误会直到三年后的一件事才被解开。

事情是这样的：

村东有一座天王庙，究竟何年修建，连村里的老人们也说不清。早年，庙中南北厢房为私塾，村里的一位老先生教本村十几个孩子读书，刘报恩也在那里读了几天私塾。1949年以后，私塾变成了正规小学校。由于年代过久，教室瓦片破碎，屋顶漏雨，檩木糟朽，墙皮脱落，几乎成了危房，直接影响着孩子们的身体安危。于是，刘报恩在他第二个"三年计划"中有了个大胆的想法：节约支出，翻盖天王庙，改善孩子们的学习环境。

三年后，摇摇欲坠的天王庙不见了，一座崭新的小学校矗立在村东。至此，那些误解刘报恩的人们才真正解开了心结。

嫉心既起，恶德俱来。就在刘家烧锅日益发达之际，一件不该发生的事发生了。

邻村崔姓一家给小孙子办满月，从刘家烧锅买回一坛子酒。酒席当天夜里，十几口子坐席人相继腹泻、肚子疼，医生初步判断是食物中毒。医院化验结果尚未出来，崔家人便跑到刘家烧锅，说是刘报恩的酒有问题引起中毒，要他支付十几个人看病的费用。

刘报恩听来人讲述经过，不相信自己的酒有问题，当着崔家人的面舀了一碗酒，一仰脖喝了下去，说："我家的酒是按质量标准、流程酿制的，几年来从没发生过问题，你家坐席人中毒，怕有别的缘由。"

来人不听刘报恩所言，继续索要看病费用。就在双方争执不下的当口，崔家一少妇赶来说，医院化验结果出来了，是从集市上买的猪肉出了问题，跟酒无关。并说要不是喝了酒杀了菌，问题会更严重。崔家人听后低下了头，灰溜溜地走了。

后来查明，崔家对日益发达的刘家烧锅心存嫉妒，明知这家猪肉不新鲜，还是贪便宜买来办酒席，真的出了问题，便赖在刘家烧锅酒上。没想到最终自己打了自己嘴巴。

随着年龄一天天长大，经历一天天增多，烧锅一天天发达，刘报恩的眼界也不断扩大，思想境界不断升华，他的报恩计划已经冲出了闭塞的小山村，投向了广阔的大社会。

20世纪50年代中期，一支解放军部队开进离村不远的西山搞国防工程建设。指战员们终日凿岩石、挖山洞，披星戴月，挥汗如雨，好不辛苦。这些被刘报恩看在眼里记在心上。能为最可爱的人做点什么呢？他想到了自家的烧锅酒：山洞里阴暗潮湿，指战员们喝口烧酒，既能提神又能去湿气。于是，他挑起两大坛酒送进山，谁知到了哨卡，值勤战士不收，说部队条令有规定，战士不准喝酒。

不能破坏部队的规矩，刘报恩原封不动把酒又挑了回来。可他慰问解放军的决心已定，非要把这事办成不可。

第二天，刘报恩把这两大坛酒挑到镇上的集市，用两坛酒换回二百斤新鲜猪肉，没进家门，直接挑到了施工部队驻地。值勤的战士换了，可换了的战士仍然不收，说，解放军不拿群众一针一线，你这么多肉能顶多少针和线，我们怎敢收？

"求你们收下吧，这是我的一点心意。再说，这么多肉我挑回去还不臭喽。今天你们不收下我就待在这里不走了！"

无奈，值勤战士报告了连长。正在山洞中指挥施工的孟连长指示：问清来人姓名、住址，把肉收下，代表全连干部、战士向来人表示感谢。

第二天一大早，刘家烧锅坊收到一名战士送来的一个大纸包，包内有一摞钱和一封信。信是孟连长亲自写的，上面写着：感谢报恩同志为我们采购来新鲜猪肉，现按市价付上肉款。你这个名字好，你报恩，我们解放军也报恩，让我们共同报党的恩，报全国人民的恩吧。

手里攥着钱，眼睛看着信，刘报恩的心里流着泪：多好的解放军呀，这就是老人们常说的老八路又回来啦！

不久，国家实行公私合营，村里出资为刘家烧锅扩大了规模，并选了新的坊址。当新的烧锅坊挂牌那天，人们看到牌子上仍是"刘家烧锅"四个大字。村长说，刘报恩曾提出换成村子的名字，村委会考虑还是原来名字好,因为吃百家饭长大的刘报恩早已不是个体的人,他是属于村里的、集体的、国家的……

时间过去了半个多世纪,京郊大地上仍屹立着一个全县十强之一的民营企业——刘家烧锅!

崩爆米花

"嘭"的一声响后,微风裹着一股浓香的玉米味飘来。人们知道,崩爆米花的师傅来了,正在不远处劳作。于是,三三两两的妇女、儿童甚至壮汉,一手拿着空盆或布袋,一手端着装有玉米、黄豆之类的葫芦瓢、茶缸子,高兴地朝着响声和香味飘来的方向走去,请师傅加工爆米花。

爆米花是我儿时在乡下最喜欢的零食小吃,崩爆米花也是乡下最受欢迎的行当。我见到的是老式大炮手摇爆米花机。它主要由火炉、葫芦形压力容器、布袋、支架四部分组成。其中葫芦形压力容器构造较为复杂,它由机头螺杆，大、小弯头，机盖，加力管、杆，开口销和摇手组成。

制作爆米花的程序很简单，先把谷物倒进葫芦形压力容器中，用加力杆和加力管同时加力，旋转机头螺杆对机盖加压达到密封的目的，然后架到支架上，下方用旺火加热，边加热边转动容器。待达到所需压力时停止加热，用力扳动小弯头，使之与大弯头搭扣松脱，在容器内压力的作用下，"嘭"的一声机盖自动打开喷出。由于外界压力远低于容器内，谷物随即炸开成了喷香的爆米花。

崩爆米花这一行当可以追溯到宋朝。宋朝诗人范成大在他的《石湖集》中就提到过各地吃爆米花的习俗。相传每年二月初二是主管云雨的龙王抬头的日子，家家户户吃爆米花，以求风调雨顺，五谷丰登的好年景。

爆米花的发明开创了一种谷物加工的新方式——膨化食品，折射出中国饮食文化的丰富多彩，说明中国古代的食品加工不仅只是简单的加热做熟，还通过高温后的作用来改变食物的状态和口感。

经常到我们那一带崩爆米花的师傅姓郝名繁，五十多岁，父母双亡，老婆在家侍弄一儿一女两个孩子，顺便养一头猪喂几只鸡。土改时郝师傅分得二亩耕地，农忙时侍弄地里的庄稼，农闲时背着老式大炮手摇爆米花机走街串巷崩爆米花，挣得散碎钱财贴补家用。

郝繁师傅是个典型的乡野村夫，一生只从事种地、崩爆米花两种职业，活动区域也只在生他养他的村子方圆十里之内，连县城都没去过。可是，了解他的人都说，郝师傅名字是个繁字，他的思想觉悟、言谈举止可不凡。我向一些人求证：郝繁何以不凡？人们向我讲了许多关于他的故事，这里我只讲讲最具代表性的"一炮一角"的故事。

报纸上登载一条新闻：南方某山村三十多名男女正在地里劳作，天空突降暴雨。他们赶紧收工沿山路往家跑，行至一沟壑底部时，山上泥石流奔腾而下，人们躲闪不及，眼睁睁被泥沙吞没，三十几名遇难者共留下了二十五个孩子，大的不满十岁，小的才五岁。除去投亲靠友解决了十名孩子的抚养问题外,还有十五个孩子的长期抚养问题没有解决。村干部正在研究对策时,一名在县城开杂货铺的掌柜写信过来,提出愿出一部分资金协助村里抚养这十五个孤儿。

郝繁师傅从儿子那里听说了这事,一方面可怜这群孩子失去了父母,一方面为杂货铺掌柜的无私精神所感动。于是,这位乡野村夫内心翻腾起来:能为这群孩子做点什么吗?想着想着,一个大胆的、不同凡响的计划萌生了:崩爆米花一炮挣两角钱,拿出一半支援这十五个孩子,给村里、给国家减轻一点点负担。

这就是乡亲们告诉我的那个"一炮一角"的故事。

郝师傅把自己的想法告诉了自己老婆,老婆说:"你一天能崩几炮爆米花,一年能挣几个钱,那十几个孩子的吃、穿、用可不是个小数目,你能供得起?"

郝师傅说:"这个账我算过,可这是我的一点心意,有这种心意的人多了,十几个孩子的吃、穿、用问题不就解决了吗?"

于是,"一炮一角"的慈善计划就这样确定下来了。

计划写在纸上容易,记在心里也容易,真正落实起来还真犯难:阴天下雨,头疼脑热,迎来送往走亲戚,种地、帮工、出份子等,农村那点事哪样不占时间?这些特殊情况出不了摊、崩不了爆米花,那一角钱就抽不出,时间长了,"一炮一角"计划不就泡汤了吗?

思忖再三,郝繁有了主意:每次出摊要多崩两炮。这两炮算是特殊情况出不了摊时的"补差",不管天多晚,不完成指标不回家。就是这个主意,让郝师傅多少次掌灯时分才背着老式大炮手摇爆米花机风尘仆仆地回到家里,进门就瘫倒在炕上呼呼大睡,连饭都顾不得吃。

尽管这样,仍然有不可预测的事发生,给郝繁师傅来了个措手不及。

这天黄昏时分,郝繁已完成崩十炮爆米花的任务,正等着顾客前来,尽快完成那用来"补差"的两炮。这时,从远处跑来一个六七岁的小姑娘,

远/去/的/老/行/当

郝繁师傅是个典型的乡野村夫,一生只从事种地、崩爆米花两种职业,却做出了『一炮一角』的不凡壮举。

庄明正 绘

边跑边喊："叔叔等会儿，我崩爆米花！"

"慢点儿跑，叔叔不走，叔叔等你！"郝繁师傅劝慰着小姑娘，怕她摔倒。

小姑娘端来一茶缸玉米。郝师傅按程序操作，两袋烟的工夫，只听"嘭"的一声响，爆米花崩好了，空气中散发着一股清香。

小姑娘高兴得乐开了花，一边说着谢谢叔叔，一边浑身上下摸妈妈给的那两角钱。摸着摸着，小姑娘"哇"地一声哭起来。

"有了爆米花吃，怎么反倒哭了？"

"妈妈给的钱丢了！"小姑娘一边抽泣一边说。

"不哭不哭，叔叔今天奖励你，不收你钱，因为你很棒，敢一个人出来崩爆米花。"

"真的不收钱？"

"骗你是小狗。"

小姑娘破涕为笑，端起爆米花蹦跳着跑回家了。

小姑娘笑了，跑了。可她哪里知道，郝师傅一句"不收你钱"，自己要承受多大负担啊？好容易盼来一个顾客，竟是这样的结果。

他今天的"补差"目标能实现吗？什么时候实现？这都是未知数。不过，有一点是明确的，是板上钉钉的：不管怎样，"一炮一角"的承诺不能含糊！

那天，郝繁师傅快半夜了才回到家中。

祸常发于所忽之中，而乱常起于不足疑之事。谁也没有想到，终年蜗居乡野如此心慈向善之人竟招来伤身之祸。

那是一天下午，正是村上小学校放学的时候。郝繁在离小学校不远处摆摊，当第七炮爆米花正在出炉时，一辆满载农具的马车从摊前走过。驾辕的马匹听到"嘭"的一声巨响，顿时一声嘶叫，发狂似的向前奔去。前面不远处，三个刚放学的小学生正肩并肩有说有笑地向前走着，未发现身后飞奔而来的马车。

"不好！"郝繁下意识地大喝一声，扔掉手中的家什飞奔而去。

到底是农村汉子。郝繁熟悉制服惊马的门道，又有个钢锤铁打的身板，说时迟那时快，他三步两步冲到惊马前面，一个鱼跃拽住了惊马的笼头，拼命向后拉。惊马受拉力影响，头猛向上仰，一对前腿离地高高抬起。郝繁被仰起的马头拉向空中，离地面足有五尺多。他憋足气，双手死死抓着笼头向后拽。惊马没有了前冲的力气，猛一低头落腿，把郝繁狠狠地摔在地上，一只马蹄重重地踩在了他的腹部。

车把式赶到了，乡亲们赶到了，把惊马拴在了大树上，将郝繁送到医院里。

经查，郝繁左肋骨被马蹄踩断两根，其他脏器均无大碍，医生说治疗后需静养月余。

病床上的郝繁并没有多想自己的伤病，他说的第一句话是问马车前面的三个学生受没受惊吓，心里想的头一件事是什么时候才能出摊崩爆米花。当他得知三个学生安全无恙、情绪稳定时，连说"那就好，那就好"。当他听到医生说要静养一个多月时，竟存疑地说："不会吧，没那么严重。"

相信也好，怀疑也罢，郝繁两根肋骨断裂是真真切切的，医嘱上也明明白白写着静养月余。然而，不知是郝繁生来就是铁打的身板，还是他故意与医生对着干，出院后只在家养了十天，就出摊崩他的爆米花了。他说，连住院带静养，足足耽搁了半个月，这要崩多少炮爆米花才能补齐欠下的那么多"一角"啊！

理想从来不抛弃苦心追求的人。不知多少个日日夜夜，不知多少个寒冬酷暑，郝繁靠他的双手，靠他的血汗，在烟熏火燎中一角一角地积攒着，不定期寄往那个遥远的南方小山村，补贴着那十五个孩子成长的所需。总共邮寄了多少钱，郝繁自己不清楚，几千里外南方那个小山村的会计记载，十年间，共收到来自北京郊区一位村民的汇款二千一百零五元。20世纪四五十年代那个时候,崩爆米花那个行当,能积攒这个数目的钱款,该是多么的不易啊!

然而,那个南方小山村的村委会,那十五个孤儿,一直不知道汇款人姓其名谁,因为汇款单上只是歪歪扭扭地写了"一个农人"四个字。尽管村委会多次寻找,终未如愿。

20世纪60年代初,这十五名孤儿中有个叫丹丹的女孩儿考取了北京一所大学,离开村子时,村长千叮咛万嘱咐,叫她继续寻找京郊的这个"农人"。

丹丹入学后,每逢星期日,她无心游览日思夜想的天安门广场,而是跑报社、电台,四处寻找那个好心的"农人"。就在丹丹毕业那年的一个星期天,北京一家报社的两名记者通过汇款单上的邮局邮戳,几经周折,最终找到了那个"农人",他叫郝繁,北京郊区的一个普通农民。当丹丹前往村里拜谢恩人郝繁时,得知他已身患败血症,一个多月前驾鹤西归了。

丹丹在郝繁家人的陪同下,来到恩人墓前,代表几千里之外的那个小山村村委会、全村乡亲和那十几名孤儿,跽身朗诵了她精心撰写的一首《浪淘沙·给一个农人》小诗,以此祭奠恩人:

悠悠十几年,日夜企盼。梦中似与君相见。儿女当面谢恩人,能否如愿?

梦境终实现,却在墓前。悲痛泪水一串串。看我孤儿报国志,披肝沥胆。

那个乡野崩爆米花的农人故事早已结束,而故事给我的思考却一直在延续。他让我明白,高士贤人不都只是有文化的人,也不都是城里人,在穷乡僻壤的草野村夫中,同样大有人在。他们的精神世界,他们的理想追求,一样的高远、纯粹、绚烂夺目。郝繁不就是吗?

啊,郝繁不凡!

　　这里说的花轿坊不是做轿子的作坊,而是为结婚娶亲者提供花轿的人家。

　　花轿,也叫喜轿,是传统中式迎亲使用的轿子。最早记载见于司马迁的《史记》,说明早在西汉时期就有轿子了。晋六朝盛行。北宋时,轿子只供皇帝使用。宋高宗赵构南渡临安(今杭州)时,废除了乘轿禁令,自此轿子发展到了民间。

　　南宋孝宗皇帝差人为皇后制作了一种花轿,上面装饰四条走龙,用朱红大漆的藤子编成座椅、踏子和门窗，内有红罗茵褥、软屏夹幔，外有围幛和门帘、窗帘，这是最早的花轿。

用轿子娶亲，最早见于宋代，后来渐渐成为民俗。南宋吴自牧在《梦粱录·娶嫁篇》中有详细记述。待嫁的女子在家中打扮停当，男方派迎亲的花轿按时辰赶到女方家。迎亲花轿不能空着到女方家，要坐个小男孩压轿，叫"压轿娃"。根据距离远近确定迎亲时辰，返回男方家时不能过中午。娘家起轿、婆家下轿都有民俗仪式，各地习俗不同，仪式各异。

按我家乡一带习俗，初嫁女可坐花轿，寡妇再嫁不能坐花轿，所以流传下来一句歇后语：大姑娘上轿——头一回。

轿子分二人抬、四人抬、八人抬，还有更多的人抬。普通人家迎亲一般用二人抬，家境富贵之户也有用四人抬。

为结婚提供花轿的人家叫花轿坊，我们那一带有一位有名的花轿坊主人姓孔，五十多岁，村里村外没人叫他名字，都喊他孔轿坊。

孔轿坊老伴儿生双胞胎儿子时大出血，儿子保住了，老伴儿走了。孔轿坊早年推着小车走街串巷卖糖疙瘩。眼看儿子一天天长大，该盖房取媳妇了，家底还不殷实，他急了，心想，卖糖疙瘩挣不了几壶醋钱，什么时候能攒够盖房、娶儿媳妇的钱？一狠心，改行开花轿坊。他从几个亲戚家借了一部分钱，加上几年来卖糖疙瘩攒的一些，请村里木匠做了一顶轿子，请镇上的老裁缝做了大红彩绸帷幔，正面轿帘上绣有富贵花卉图案，左右帷幔上绣有丹凤朝阳图案，后帷幔上绣有麒麟送子图案。

请木匠做轿子期间，孔轿坊把已经十七岁的双胞胎儿子送出去到县城一家老轿坊学做轿夫，不要工钱，不管吃住，专攻抬轿技术、规矩和娶亲流程。家里轿子做完了、装修好了，他们的学习也结束了。孔家在门外竖起一根五丈高的竹竿，竿顶挂上七彩花轿幌子，迎风招展，好不气派，花轿坊正式开张营业了。

不干不知道，开轿坊的确比卖糖疙瘩实惠，卖糖疙瘩每天收的是毛票、分票，一天下来看上去厚厚一沓，一数，没几个钱。如今，农历每月三、六、九，花轿坊业务不断，收的都是整票、大票，加上是自家轿夫，不用雇人，节约了成本，钱袋子一天天见鼓，一家人乐开了花。

乐归乐，孔家人毕竟是孔子本家，传承了孔夫子"继善成性""立人为旨""博爱厚生"的基因，从不往钱眼儿里钻。

这年春天，正是生意兴隆之时，孔家遇到这样一件事：这天一大早，孔轿坊刚打开院门，见门外不远处一老者焦急地来回踱步，便上前打问缘由。老者说，儿子一年前订了婚，彩礼已如数过往，原与亲家公商定用马车迎亲，谁知亲家母不干，她说养了二十年闺女不易，一辈子就一次结婚，说什么也要雇顶轿子来接，不然，她不让闺女迈出自家门。这可难住了老者。为了彩礼，他已欠了一屁股债，眼看婚期已至，实在凑不齐雇花轿的费用。他这已经是第三次来到孔家门前，想商量能否减些费用，可就是张不开口，所以一直犹豫着不敢进门打扰。

孔轿坊闻听老者为雇轿之事犯难，赶紧请他到家中商议。

进得家中，孔轿坊给老者倒了一杯茶，问道："您老有何要求尽管说，咱哥儿俩可以商量。"

"孔轿坊如此真诚，那我就直说。我有两个想法，第一，我本家有几个娃子，都身强力壮，抬轿子没问题，所以，我想让您光出轿子，免出轿夫，这样我可省一部分钱；第二，花轿钱眼下实在凑不齐，等麦秋后如数送上。我的想法您看如何？"

老者的这番话着实触动了孔轿坊。他想，要不是万难所迫，谁肯这般办喜事？可怜天下父母心啊！

思索了一会儿，孔轿坊回复老者："轿夫可不是有力气就行，还要有技术、懂习俗、知流程，我家两个儿子经过专业学习，能保您婆亲安全、顺利。所以，我的意思还是由我家出轿又出人。您放心，轿夫不收您半分钱，就算我给您出份子了。至于花轿钱嘛，给您减半，时间不限，您什么

远／去／的／老／行／当

真诚守信、竭诚相助,孔轿坊用行动诠释着这一信条。

李云峰 绘

时候手头宽裕什么时候给。"

闻听此言,老者一拍大腿:"哎呀呀,孔老弟,您可救我一命啊!不瞒您说,为这事我愁得几宿没合眼啊!既然您如此宽宏大量,那我也不食言,麦秋一过,即付轿钱!"

按既定日子、时辰,老者热闹、体面地把儿媳娶回了家。姑娘妈逢人就夸:"女儿婆家会办事,婚礼办得虽不排场可也不俗,人前人后说得出口、站得住脚。"

还是按既定的日子,麦秋刚过,老者领着儿子、儿媳推着小车来到孔家,按约定给了花轿钱,另外送给孔家一袋新麦子磨的面粉、一袋存放了半年多的白薯。

孔轿坊收了花轿钱,面粉和白薯说什么也不肯收。

老者急了,说:"这是新麦子粉,让您尝尝鲜;这白薯是自家产的,快放坏了,就当您帮我处理了行吧?"老者一边说,一边示意儿子、儿媳从车上把面粉和白薯往院里抬。

孔轿坊推托不掉,只好收下了。

真诚守信是人的本分,是生活中的最大幸福;竭诚相助是和谐的源泉,是友谊的最高境界。孔轿坊和老者兴许没听说过这番论述,然而他们用行动诠释了这一真理。

生活总是按照其自然规律前行着、发展着,既有顺顺利利时,又有坡坡坎坎处。这不,正当孔轿坊的业务发展顺风顺水时,却出了一个让他很不愉快的事件。

事情是这样的:本村田家娶儿媳,雇用孔家花轿。儿媳娘家陪送女儿一副银镯。这镯子有些来历,是当年儿媳妈妈出嫁时,儿媳姥姥作为一份嫁妆陪送的,再往上捯,儿媳就说不清了。这么有纪念意义的一副银镯,结婚那天竟然丢了一只,儿媳第二天早上梳妆时才发现,她怀疑是昨天结婚时一路"颠轿"丢失的,丢在了花轿中。

儿媳把这事告诉了丈夫，丈夫又告诉了爸爸。田家爹急了："大喜的日子丢东西，晦气，一定要找回来，找不回来今年的日子甭想顺当！"

于是田家爹亲自出马来到孔家。得知田家爹来意后，孔轿坊掀开花轿幔帘翻来覆去找了一遍，不见镯子踪影。转身问两个儿子，两个儿子异口同声说没见过什么镯子。

这事本来到此可以结束了，可田家不干，硬说镯子丢在了花轿上，还讲什么"人要有良心""不义之财不可取"之类的话。这可惹恼了孔轿坊。他反击田家爹："人是要有良心，这良心就是不能诬陷人、不能血口喷人！"

你有来言，他有去语，你说一句，他顶两句，谁也不示弱。相持不下，最后闹到了村委会。

村长常处理张家长李家短的矛盾，很有一套经验。他见孔、田双方都在气头上，没有做裁判。他对孔轿坊说："你回去把花轿帷幔全部摘下来，把脚踏也卸下来，重新检查一遍，然后再问两个儿子，到底见没见着，让他俩给个斩钉截铁的回话。"转身又对田家爹说："你也回去再叮问儿媳，让她仔细回忆到底什么时候丢的、丢在了什么地方，然后再问问家里人，见没见到这只镯子。"

孔、田二人都无话可说了，带着各自的任务离开了村委会。

还没到中午，田家爹急匆匆返回村委会，告诉村长镯子找到了，是本家侄子——儿媳的一个小叔子昨晚闹洞房，趁儿媳不注意把镯子捋走了，想用镯子向新郎新娘讨一条烟。

"还不快去告诉孔轿坊，向人家道个歉、赔个不是。你说你这个人呀，五十大几了，做事这么没章法。孔轿坊多老实的一家人，人家至于昧你一只镯子吗？"村长批评了老田。

"我先到孔家赔了不是、道了歉，求他原谅，之后才到你这儿来。这事给你也添麻烦了，我对不住老孔也对不住你。"说着，老田惭愧地叹气。

最后，老田硬拉着村长往屋外走。村长不解，老田解释说："晌午了，我请你和老孔到我家喝两盅，都准备好了，不然我圆不了这个场、迈不过这个坎呀！"

镯子事件到此结束了，一切又恢复了平静，孔轿坊家门前的幌子依旧迎风招展，生意依旧红火兴隆。

四年后，六间新瓦房出现在孔家老宅子上，双胞胎儿子与邻村一对双胞胎姐妹订了婚，两家商定收完秋办喜事。不过时下流行骑马娶亲，两姐妹坐不上花轿了。

对年轻人来说，坐不坐花轿无所谓，可对孔轿坊来说却解不开这个心结。他说，老辈子传下来的习俗，说改就改，真的接受不了。接受不了也得接受，不能逆潮流而动不是？这不，他把门前竹竿上挂着的花轿幌子摘下来叠好，藏在家中墙柜里，嘱咐两个儿子，他死的那天把轿幌子随棺材下葬，让它陪着他上天堂。

花轿使他过上了富裕日子，他感恩它……

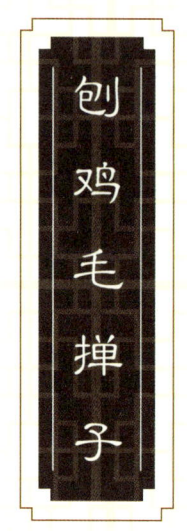

刨鸡毛掸子

"刨"字在京郊指绑或扎，刨鸡毛掸子就是绑或扎鸡毛掸子。

所谓鸡毛掸子，指的是用鸡毛绑扎起来的掸子。相传，早在四千多年前的夏代，有个叫少康的人，一次偶见一只受伤的鸡拖着身子向前爬，爬过之处身后的路非常干净，原来是鸡毛的作用。于是，他抓了几只鸡，拔下鸡毛绑在一根木棍上用来打扫器具，这就是历史上的第一把鸡毛掸子。

鸡毛掸子主要用来清扫房间、玻璃、家具、器皿、车辆等的灰尘。有时也有别的用途，比如早年姑娘出嫁，娘家除了陪送嫁妆外，还要送女儿一把鸡毛掸子，下轿后进得男方家门时挥一挥鸡毛掸子，寓意赶走晦气，婆家不给气受。

刨鸡毛掸子工艺并不复杂，用剥下来的青麻皮，把根部蘸过胶的鸡毛绑在手指粗的藤或荆杆上，一圈绑扎五至六根鸡毛，绑到所需长度，一把鸡毛掸子就完成了。

但刨鸡毛掸子也是一门技术。老手艺人刨出来的掸子美观漂亮，结实耐用。村里郑姓一家专门做这一行当，人称"掸子郑"。

掸子郑五十多岁了，刨掸子世家，从他爷爷那辈起就干刨掸子卖掸子这行当。

掸子郑家刨掸子既要求美观，又注重耐用。他收购鸡毛从不将就凑合，只收散养的活公鸡上的尾毛、背毛、颈毛，俗称"三撮毛"，多少不限，一两二两收，十斤八斤也收。鸡毛买回来后，要经过清洗、消毒、晾晒、分类四道工序才可成掸料。一把掸子下来要用将近一斤鸡毛，需采集二百至三百只公鸡。他用的掸杆也很讲究，从不用当地木杆，而是用从南方订购的藤秆或亲自上山采伐的荆杆。他说木杆容易腐烂、折断，藤秆和荆杆结实且有弹性，使用起来既轻便又舒服。他往藤秆、荆杆上绑扎鸡毛的数量固定，每圈六根鸡毛，而且用长时间浸泡过水的青麻皮绑扎，绑扎前用麻皮在大蒜瓣上捋几遍，使麻皮沾上蒜味，鸡毛根部蘸上乳白胶。他说，每圈鸡毛的数量统一刨出的掸子匀称好看，青麻皮沾上蒜味防生虫，鸡毛根部蘸胶牢固。这样下来，掸子郑刨的掸子成本相对高些，耗时相对长些。但他宁肯多花些时间，少赚几个钱，也要让客户满意，不砸自己的牌子。他说："刨掸子卖掸子是供人使用的，东西不实在，用不了几天掉毛断杆，那叫坑人，坑人的事我掸子郑不干。"

一次，一个养鸡大户给掸子郑送来一批鸡毛，足有三十斤。掸子郑高兴地对来者说："像你这样的养鸡户越多越好，我就不愁掸子料了。"

过了秤，付了钱，来者走了。掸子郑把鸡毛倒在地上，仔细一看发现了问题：来料中有部分病死鸡的毛。

病死鸡的毛是不能用来刨掸子的，即使多水洗、消毒几次，还是带有病菌的。他发动全家用了两天时间把病死鸡的毛一根根拣了出来。那单买卖，他没赚到钱不说，还搭进全家人拣鸡毛的工夫。

从那儿以后，掸子郑总结出一条经验：加强与养鸡户的联系。他经常去养鸡户那里看鸡的情况，提醒他们注意食料、场地卫生，多赶鸡放鸡，增加鸡的活动量。他还与兽医交朋友，学习预防鸡病知识，甚至自己花钱买畜药送给养鸡户。此后，他收购的鸡毛再没有病死鸡的毛。

还有一次，一个青年背着一袋子鸡毛来到掸子郑家，进门就说："我这可是上好的鸡毛，今天来听听你给的价钱，合适我卖，不合适我就背走。"

第一次见到这般做买卖的，掸子郑心中暗喜：没有金刚钻，不敢揽瓷器活，他一定有奇好的毛货。便热情地把青年请进屋。

进得屋来，掸子郑急不可耐，赶紧让青年打开口袋。他上眼一瞄，啊，好漂亮的鸡毛：五颜六色，油光闪亮，煞是艳丽养眼。他抓起一把毛，出门到太阳底下仔细端详了半天，转身回到屋中。

"说吧，给什么价？"青年追问。

"你怎么背来就怎么背回去吧，这毛没价，就算白送，我也不敢要。"掸子郑把手中的鸡毛送回口袋里，拍拍两手回答。

"为什么，这毛刨掸子不是上等的料吗？"青年不甘心，缠着掸子郑追问。

"家养鸡的毛和山鸡的毛我还是分得出来的，它们至少有三个不同：山鸡毛长，家鸡毛短；山鸡毛艳，家鸡毛暗；山鸡毛硬，家鸡毛软。按品色，当然是山鸡毛刨出的掸子漂亮，卖价要比家鸡毛掸子高出几倍。但我不能做这种买卖，因为山鸡是国家保护动物，政府严禁猎杀，劝你金盆洗手，别再干猎杀山鸡的事了。"掸子郑看似是在介绍鸡毛知识，实则是在给青年上教育课。

掸子郑家刨掸子既要求美观,又注重耐用。
他收购鸡毛从不将就凑合。
他宁肯多花些时间,少赚几个钱,也要让客户满意,不砸自己的牌子。

远／去／的／老／行／当

李云峰 绘

青年人似乎觉察到情况不妙，背上口袋一溜烟儿似的跑了。

青年走后，联想到前面发生的收到病死鸡毛的事，掸子郑琢磨了几句词，用木板制作了一块广告牌，让上中学的儿子用朱红油漆写在牌子上，端端正正挂在大门口的墙上：

本家大量收购活公鸡尾、背、颈毛，价格从优，禁收山鸡毛、病死鸡毛、垃圾堆里捡的鸡毛。

人在草木间，诚者天下道。诚信无欺，严守规矩，发达了郑家的掸子事业，富裕了郑家的日常生活。他新盖了六间卧砖到顶的北房，临街那三间土坯房也翻盖成了砖瓦房，成了专用的刨掸子操作间和成品陈列室。掸子郑从早到晚工作在那里，有时忙不过来，发动全家相助。屋里的三面墙上，挂满了刨好的掸子：一面墙挂的是尖毛掸子，大气洒脱；另一面墙挂的是顶毛掸子，敦实稳重；再一面墙挂的是泳毛掸子，柔软蓬松。掸子有长有短，有粗有细，有整体一色的，有多色相间的，白、红、黄、黑、紫，缤纷斑斓，好似一个万花筒。尤其那把芦花尖掸子，是掸子郑花了十年时间，采集了两千三百多只活公鸡，选用纯芦花尖毛绑扎起来的，大气、漂亮、蓬松、洁净，从装的袋中取出，羽毛立即张开，犹如孔雀开屏，万分养眼，令人叫绝。这把掸子曾在县博物馆展出过一整年，一位外宾看后惊叹不已，垂涎欲滴，愿出高价购买，掸子郑终未同意。如今，这把掸子挂在陈列室正中墙上，成了郑家镇宅之宝。

古人说得好，福祸无常。大美之中常隐不幸事端。就在郑家掸子事业顺风顺水之时，出现了一件很不愉快的事情。

这天，掸子郑打开铺门不久，和往常一样，前来购买掸子的客户蜂拥而至，三间屋子快没了落脚的地方。大家按照各自的喜好挑选着所需的掸子，不时还相互间切磋着关于掸子的用法窍门。

就在这时，门外传来嘈杂声。一中年男子举着一把鸡毛掸子对前来买掸子的客户大声说："请大伙儿瞧瞧，这是什么活儿，才用了十几天，线绳开了,鸡毛掉了,杆子断了,这不是坑人吗?我不在乎花几个钱,我是说不该这么做买卖,还说什么县里展览、外国人要买呢、呸!"

嘈杂声把屋里买掸子的客户吸引了出来。掸子郑不知道发生了什么,也跟了出来看个究竟。

原来此人正在褒贬自家的掸子。掸子郑赶过去心平气和地说:"这位老弟先消消气,待我看看这把掸子的情况,如果是经我手的货出了问题,我愿赔你十把掸子,而且请你到陈列室亲自选,除了你说的那把外国人要买的芦花尖掸子。"

"算了算了,我刚才说了,我不在乎那几个钱,我是说不能这么做买卖。"中年男子边说边转身要走。

掸子郑一步向前拦住了中年男子,从他手中夺过那把掸子,戴上眼镜仔细查看。不一会儿,他举起掸子向在场的人说:"大伙儿看清楚,这把掸子一是用线绳刨的,二是蘸的黑胶,三是木头掸杆。我家的掸子用青麻皮绑扎,蘸的是乳白胶,藤条或荆条做掸杆。这说明什么?说明他的这把掸子不是我郑家的货,说明这个人想用这个法子砸我郑家的牌子……"

没等掸子郑把话说完,中年男子转身跑了,连那把破掸子也不要了。

"什么人啊!"顾客们边议论、指责那个中年男子,边返回郑家陈列室,继续挑选他们喜欢的鸡毛掸子。

不久,掸子郑弄清楚了,那个中年男子是另外一村刨掸子卖掸子的专业户,离掸子郑家十五里路远。在郑家的影响下,他家的生意冷淡,几乎到了关门歇业的程度,这才想起了用造谣中伤的法子坑害郑家,以达到他的目的。谁知搬起石头砸了自己的脚,没过一个月,他家的掸子行果真倒闭了。

时代在变革,社会在进步。随着社会和经济的迅猛发展,新型的清洁用品如雨后春笋,蓬勃发展,纤维、涤纶、塑料等材料大量普及,用这些原材料制作的掸子充斥市场,鸡毛掸子逐渐淡出人们的视线,掸子郑家的掸子行业也不得不偃旗息鼓、关门歇业了。

  不过,郑家的歇业与那个中年男子家的倒闭大相径庭。中年男子家是因心术不正、重财轻德所致。而郑家是因社会发展自然淘汰所致。再说,郑家祖辈毕竟惠及过万千百姓,毕竟有一段享誉全县的光荣史。传唱至今的那首山歌可以佐证:

  鸡毛掸子轻又轻哟,掸出郑家一片情。

  质量第一为百姓哟,诚信二字记心中。

  山里人最讲山中理哟,说出话来有回声。

  不坑不骗讲公正哟,勤俭致富好家风……

窗花郎

"揭窗花喽……"刚进腊月门,街上就响起了窗花叫卖声。

窗花是我国民间剪纸中分布最广、数量最多、最为普及的一种剪纸艺术。南北各地农村春节期间都要贴窗花,以此达到装点环境、渲染气氛的目的,寄托农人辞旧迎新、接福纳祥的憧憬。

据史料记载,窗花在我国已有上千年的历史。汉代造纸术的发明,为剪纸艺术创造了条件,到了南北朝,剪纸艺术逐渐成形,到了唐代,剪纸艺术已处于大发展时期,大诗人杜甫曾有"暖水濯我足,剪纸招我魂"的诗句。明清时期剪纸手工艺术走向成熟,并达到鼎盛时期。

窗花的剪刻形式大体有四:一是单色剪刻,二是套色剪刻,三是浮雕剪刻,四是彩色剪刻。彩色剪刻又有染色和衬色之分。染色窗花以河北省丰宁、蔚县最为出名。当年,我家乡京西房山一带出现的窗花,大都是这两个县的染色窗花。

丰宁、蔚县的窗花不是剪而是刻,且阴阳混刻,刻完后重彩点染,构图朴实饱满,造型生动逼真,具有浓郁的乡土气息,可谓风格独特,自成一派,生动、有味、耐看,堪称剪纸艺术中的奇葩。

窗花叫卖者大都挑两个木箱,也有只背一个木箱的。木箱内有几层隔板,每层隔板上放有各种不同图案的窗花。

常到我们村叫卖窗花的是个李姓残疾人,五十多岁,左手四个指头粘在一起,只有食指和拇指中间有一半指宽的缝隙,大人们都叫他"李花郎"。

李花郎肩挑两个木箱,扁担的一头挂个拨浪鼓,进得村来,把担子一放,右手拿起拨浪鼓左右来回扭转,立即响起"吧嗒吧嗒"的响声。大姑娘、小媳妇听到拨浪鼓响,立即走出家门,三五成群围拢过来,挑选自己喜爱的窗花。选中了,李花郎用针尖一挑,窗花立即揭了下来,夹到买者事先准备好的旧书中。

说起李花郎的手,其中有段辛酸的往事——

七七事变后,日本占领京西大片土地。李花郎那年三十多岁,租住在县城一家旅店里,推销蔚县窗花。因为他本人也算是蔚县窗花的传承人,有一手剪窗花的高超技艺,被一个日本军官看中,把他"请"进兵营,好吃、好喝、好招待,让他向一群日本姑娘传授剪窗花技艺。

李花郎是个刚正不阿的耿直汉子。他想,剪纸艺术是老祖宗留下的遗产,是中国的民间艺术,无论如何不能流落他国。于是,他谎称自己只是卖窗花而不会剪窗花。

日本军官见李花郎不肯传艺,便使出了美人计:"你要教的这群姑娘,是我们大日本帝国最漂亮的姑娘，你只要把中国的剪纸艺术教会姑娘们，她们当中随你挑，选中哪个就归你做老婆！"

"谢谢，我家有老婆，还有儿子、女儿。我真的不会剪纸，教不了你们日本人！"李花郎答。

"不急不急，给你三天时间考虑，三天后答应也不迟。"日本军官边说边发出狰狞的笑。

三天后，日本军官再次"请"李花郎传授剪纸艺术。李花郎还是那句"我只卖窗花不会剪纸"。

这可惹恼了日本军官。他声嘶力竭地吼道："我最后问你一句，到底是教还是不教？"

"问多少遍也没用，我只卖窗花不会剪纸！"

"好吧，你敬酒不吃吃罚酒，别怪我不客气了。来人！给他的双手调理调理，让他这辈子别想再摸剪刀！"

随着吼声，几个日本彪形大汉窜出，用铁钳夹着李花郎的双手往滚烫的开水锅里放。顿时，李花郎的双手起满了水泡。

李花郎被赶出了日本兵营。

回到住处，一位好心的老中医给李花郎配了一服中草药温敷。一个多月后，李花郎的右手逐渐恢复了知觉和功能，又能拿起剪刀剪纸了，而左手从此落下了残疾。他不甘心就此扔掉剪纸艺术，每天坚持刻苦锻炼。如今，他的左手拇指和食指可以捏纸，与右手配合又能剪纸了。每到一地，他除了叫卖窗花，还抽空教姑娘、媳妇们剪纸，深受大家的喜爱和欢迎。

那个时候，每逢李花郎来到村上，我们一群发小总要围上去，看这看那，问东问西。好在李花郎并不嗔怪，总是乐呵呵地给予解答。比如我们问，搬新家贴什么窗花？他答，贴大老虎和狮子头，为的是保平安镇邪恶；我们问，新媳妇洞房贴什么窗花？他答，贴胖丫头、胖小子，盼早生贵子、儿女双全；我们问，父母大人房间贴什么窗花？他答，贴大松树、大寿桃，

远／去／的／老／行／当

那个时候,每逢李花郎来到村上,我们一群发小总要围上去,看这看那,问东问西。好在李花郎并不嗔怪,总是乐呵呵地给予解答。

李云峰 绘

祈求老人寿比南山不老松……

李花郎不仅耐心回答我们的问题，还热心帮助每一个需要帮助的人。

有一次，由于左手不利落，李花郎在揭窗花时不慎揭断了几片窗花，便顺手扔在了地上。一个四五岁的小女孩赶忙捡了起来，左看右看，爱不释手，问李花郎："爷爷，你还要这几片窗花吗？"李花郎摇摇头，继续忙他手里的活计。这时，只见小女孩拿起窗花就往家跑，其他小朋友哈哈大笑起来。李花郎不解，问大家为什么笑。一个小男孩说："她家穷，屋子里连窗户都没有，挂个破草帘子，窗花拿回去往哪儿贴？"

听了小男孩的话，李花郎心里咯噔一下：是啊，连窗户都没有，往哪儿贴窗花？他决定给小姑娘剪几个能在草帘上贴的窗花。他让小男孩把小姑娘找回来。

小男孩找小姑娘去了，李花郎赶紧打开另一个箱子，取出一张大红纸和一把剪刀。"嚓嚓嚓……"几剪子下去，一轮红日从海平面喷薄而出，一帧剪纸应运而生，李花郎给它取名叫《日出东海》。

小姑娘回来了。李花郎对她说："你刚才捡走的那几片窗花是染色的，个小纸薄，又是破损的，没法贴在你家草帘上，我给你剪了一帧大的、厚纸的，什么地方都能贴，拿去贴吧。"

小姑娘双手接过剪纸，给李花郎深深鞠了一躬，扭头跑回了家中。

是啊，不管贫富，人人都有为生活添加美的愿望，都有丰富心灵、享受幸福的权利！

还有一次，一位盲人老太太怀揣一本旧书来到李花郎摊前说："我儿子在城里读大学，明天放假回来过年，我老伴儿赶集去了，请你给我挑几片窗花，趁这会儿有空我赶紧贴上，迎接儿子回来。"

根据老太太的描述，李花郎为她选了几样时兴的窗花，什么"春燕戏柳""雄鸡引吭"……选好后，小心翼翼地放进老太太打开的旧书里。几声谢谢之后，老太太朝一柴门走去。

望着老太太远去的背影,李花郎像是想起了什么,赶紧合上木箱,挑起担子追了上去。

盲人老太太刚进屋,忽听李花郎追了来,以为少给了窗花钱,听了来人解释才明白,原来李花郎担心她看不见、贴不好,专程跑来帮忙。

一阵忙乎,十几片窗花上窗,满屋有了灵气,仿佛听到了鸟儿鸣啾,嗅到了鲜花芬芳,真个是"雷声忽送千峰雨,花气浑如百和香"。

几十年过去了,李花郎早已作古,然而天地有情,山川欲动,春风早把残冬送。蔚县染色窗花还在,且更加发扬光大。

如今的蔚县窗花剪纸已逐步发展成为具有欣赏、收藏价值的民间艺术精品、国家级馈赠礼品。2006年5月,蔚县剪纸入选第一批国家非物质文化遗产,2009年又名列中国剪纸之首,入选世界人类非物质文化遗产代表名录。

蔚县窗花万岁!我记忆中的李花郎永生!

杆秤作坊

　　杆秤,秤的一种,是利用杠杆原理来称重量的一种衡器,由秤杆、秤砣、秤毫三部分组成。杆秤分两种,一种钩子秤,一种盘子秤,以承载东西的是铁钩子还是铁盘子来区分。

　　民间传说杆秤由鲁班发明,根据北斗七星和南斗六星在秤杆上刻制十三颗星花,定十三两为一斤。秦始皇统一六国后,添加"福""禄""寿"三颗星,改十六两为一斤。20世纪50年代,国家实行度量衡单位改革,统一十两为一斤。

杆秤在我国有几千年的历史。它集中体现了我国劳动人民的聪明才智，被称之为华夏"国粹"。汉墓出土的文物中就有各种秤砣。陕西眉县一座汉代单窑砖墓中就出土过完整的木质杆秤遗物。

制作杆秤并不复杂，但需要精准、高超的工艺技术。我认识一位王姓制秤师傅，知晓杆秤制作的全过程。

王师傅出身杆秤制作世家，从他爷爷那辈起就开杆秤制作作坊。据王师傅介绍，制作杆秤关键要选好作秤杆的原料。秤杆的原料大都是木料，也有骨料、金属料。木料属楠木、红枸子木为佳。

王师傅制作杆秤一般从南方采购金丝楠木。原木买回后，在阴凉干燥处摆放半年以上，待完全风干后请木工破成长短不一、横截面半寸见方的木条，堆放起来备用；制作时用小刨子刨成粗细适当的圆杆，再用粗细两种砂纸打磨、抛光。

打磨抛光过的木杆两头用铜或铁片包焊。接下来便是最重要的一步：在木杆粗的一头半寸处打一通透小孔，穿一线绳与秤钩或秤盘连接；从小孔向木杆细的方向约一寸处，再打一通透小孔，穿一线绳，下面固定，上面留适当长度，称重时用手提，叫作秤毫；接着就是选定盘星的位置。提起秤毫，因杆粗的一边有秤钩或秤盘，秤杆便向粗的一边倾斜，这时把拴上细绳的秤砣从秤杆细的一方套上去，向粗的一方慢慢移动，待左右平衡了，秤砣细绳留在秤杆上的位置就是定盘星的位置，秤准不准，取决于定盘星位置确定得准不准。

从定盘星的位置起，经过严格计算，把系秤砣的线绳不断向秤杆细的一端水平移动，找到不同的平衡点，做上标记，打上小浅孔，用铜丝或铝丝伸进浅孔，折断锉平，这叫秤花，依次进行，直做到秤杆细端包焊处。

秤花钉完后，再用细砂纸蘸水打磨。之后，根据需要用五倍子、青矾、红茶渣等给杆秤清洗上色。至此，一杆秤就算大功告成了。

说起王师傅的爷爷学做杆秤，还有一段难以忘怀的辛酸往事。

王师傅爷爷那辈家里贫穷，全家五口人靠租种财主家五亩薄田过活。这年闹春荒，王师傅爷爷的父亲向财主家借了二百斤玉米度春荒。王师傅的太爷正当壮年，二百斤重的粮食口袋两手一抡便上了肩。可是今天这二百斤玉米显得没那么重，一只手便抡上了肩。他明明看着过秤时准斤准两，可为什么这么轻？王师傅的太爷背着粮食一边往家走一边想。正好碰到一卖小母猪的长者，顺便用称猪的秤称了称这口袋玉米，结果只有一百五十斤。好歹人家救了全家的命，王师傅的太爷忍了，没有多作计较。麦秋完了场，王家要还财主家二百五十斤麦子，这是事先说好了的。财主家来人带着秤称粮食。结果，五亩地的麦子除去还债所剩无几。王家提出用当初借玉米时用的秤重新称麦子。财主火了，急赤白脸地说："当初我可怜你一家老小，才借粮帮你们度春荒，没想到怀疑我的秤。那好，今天粮食我拉走，明年别再找我借粮食。"说着叫来人把粮食装上了车。王家老小护着粮食不让拉走。财主使了个眼色，同来的人对王家老小一顿拳打脚踢，硬是把粮食拉走了。王家咽不下这口气，告了官。谁知财主家早已串通了官家，王家不但输了官司，还赔了五十块大洋的诉讼费。

这件事深深触动了王师傅的太爷。他想，财主家大秤进小秤出，分明是剥削，是坑人，是丧尽天地良心，作为一介草民，自己斗不过他，也改变不了现状。但是，自己可以制作公平杆秤，向社会推销，用公平秤向剥削现象、向不公平的交易宣战还是办得到的。于是，他萌生了学习制作杆秤的念头。

县里有个制杆秤的老板，老父瘫痪在床无人照顾，特贴出告示：谁肯照顾家父一年，愿把制秤技术传之。

王师傅的太爷揭下告示，与老板签了协议，搬进老板家，日夜照顾病人，抽空学习制秤技术。一年未满，老板父亲过世，王师傅的太爷已学成制秤技术，回到家，办起了乡下第一个杆秤作坊。

一百多年过去了，王家几代世代口口相传，杆秤越做越好，越做越精。

到王师傅这辈,杆秤工艺可谓炉火纯青,在当地同行业手艺人中无出其右。前年县里有关部门来人,抽查了王师傅制作的钩子杆秤、盘子杆秤各五十杆,杆杆准度不差累黍,全部符合国家标准。为此,县里给王家颁发了"公平杆秤,质量过硬"牌匾。买过王家杆秤的客户都说:这块匾额奖给王家,名副其实,顺理成章。

公平杆秤,质量过硬,究其因果,仁爱律己、修德治孝便是源头根脉。王老爷子怒撅秤杆的故事便可佐证。

王师傅春节前患重病住了一个多月医院。其间,儿子在家独自做了六杆秤。老爷子出院后,儿子满心欢喜将自己的劳动成果呈给父亲看。王师傅一杆杆检查,发现只有一杆合格,其余五杆秤均有微小误差。王师傅火了:"看来你没有完全按我教的流程去操作,虽误差无几,可不够王家的标准,这样的秤决不能流入社会。"说着拿起一杆秤就要撅。

儿子拦住了:"不合格您动手修修嘛,干吗撅它,这可是钱哪!"

"修,只能解决准不准的问题,成色呢?我们王家卖出去的杆秤不但要准,还要漂亮。几个钱算什么,不准的秤卖出去,不知坑了多少人的钱,坏了多少人的心啊!"

说时迟,那时快。几声"啪啪"脆响,五根秤杆霎时变成了十截木棍。

人们议论说,王师傅撅的不是秤杆,是全家人赖以生存的一笔钱财,是社会交易中的不公。

正是这可贵的仁爱忠厚、天地良心,支撑着王家杆秤作坊四代不倒,代代发达。

一天,店里来了一位不一样的购秤人。说他不一样,是因为来人不像农人,穿一身上蓝下黑制服,脚蹬一双浅帮球鞋,右耳朵上夹一根没抽完的卷烟。进得门来,他在屋子里转了一圈,把大大小小的杆秤看了一遍后,凑到王师傅耳边说:"给我挑一杆那样的秤。"

"哪个样?"王师傅问。

远／去／的／老／行／当

据王师傅介绍,制作杆秤关键要选好作秤杆的原料。秤杆的原料大都是木料,也有骨料、金属料。木料属楠木、红椆子木为佳。

李云峰　绘

"就是那种……"来人边比画边说。

"不明白你的意思。"王师傅说。

"我是卖烟叶的,小本经营,养活一家四口,想多赚点儿,所以需要一杆那样的秤。"来人贴在王师傅耳边轻声说。

王师傅明白了来人的意思,脸立即沉了下来:"我这里可找不出你需要的那种秤。"

"那您给特制一杆,我加一倍给钱!"

"你就是加十倍、百倍钱也不行,王家制秤作坊不干那种伤天害理的事。"

来人碰了钉子,转身要走,被王师傅拦住了:"这位小弟听好,老哥送你几句话,做人要把心放正。秤这个物件有灵性,不是常说'老百姓心里有杆秤''秤是人心的定盘星'吗?在它身上做手脚,迟早会遭报应的。做生意不怕本小赚得少,只要勤勤恳恳,薄利多销,照样能养家糊口,过好日子……"

王师傅的话还没讲完,来人已经面有惭色,边说对不起边向门外走去。

王师傅随手抄起一杆新制成的秤追了上去,说:"老弟留步,这是我刚刚打磨成的一杆新秤,送给你,也算老弟没白跑我店一趟。"

来人双手接过秤,单膝弯曲拜谢说:"听老哥刚才一席话,我已经受益匪浅,又获赠良心秤,实在是感恩不尽,回去后一定照老哥的话去做,勤恳经商,童叟不欺,做个守信义、讲良心的买卖人。"

来人远去了,又一批购秤人进得店来。

夙夜相继,日月轮回。王家杆秤作坊热闹依然,发达依旧。

李大钊有句名言:无限的"过去"都以"现在"为归宿,无限的"未来"都以"现在"为渊源。上世纪九十年代,随着市场经济的发展和机械工业的革命,电子秤在市场上大量涌现,作为家庭用的杆秤逐渐被淘汰了。兴旺发达四代的王家杆秤作坊也到此歇业了。

岁月流转，情感积淀。作为过往年华的实物记忆，杆秤已经不单单是称重工具，它蕴藏着深奥的工艺技术和丰富的历史人文知识，具有很高的研究价值。出身制秤世家的王师傅闭店歇业后，被县志办聘为特约研究员，专门从事杆秤的研究。

杆秤的兴衰——一部社会生活变迁史。

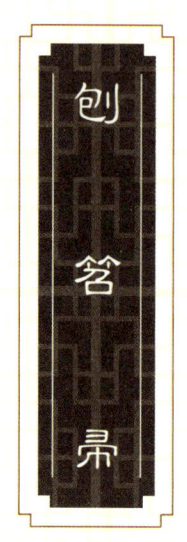

刨笤帚

笤帚，字典里解释是除去尘土、垃圾等的用具，用去掉粒的高粱穗、黍子穗绑成，比扫帚小。

在我的家乡京郊房山，笤帚大都用去了粒的黍子穗做成，做笤帚不叫绑，叫刨，有专门走街串巷刨笤帚的匠人。

笤帚在我们那一带大约有三种用途，一是扫地用。就是字典里解释的打扫尘土、垃圾等；二是扫炕用。过去农村家家户户都睡土坯垒的可通烟道的土炕，上边铺一层苇席，睡觉前用笤帚扫炕再铺被子；三是扫粮用。

过去农人用石碾子、石磨把粮食轧碎，边轧边用笤帚扫，防止粮食外流以保证能全部轧碎。当然，有时小孩子犯浑调皮惹了祸，当妈的顺手从炕上或门后抄起笤帚照屁股打了过去。因为笤帚就在身边，随时拿得起来，还因为笤帚松软，打不疼肉。

由于笤帚在农村用处多、需求量大，每家每户都离不开、少不了，因此，衍生出刨笤帚这一特殊行当。

刨笤帚用的工具很简单：一只小板凳，一条绳子，一个木质或铁质的丁字形"拐子"，一把木把儿片刀，一捆细麻绳。因为刨笤帚也是一门手艺，也需要技术，所以我们那一带管干这行当的人叫"刨匠"。刨匠工作时坐在小板凳上，把绳子拴在腰间，绳子另一端与丁字形拐子相连，两脚蹬在拐子上，取一绺去了粒的黍子穗，用拐子绳绕一圈后蹬紧拐子，然后取麻绳在拐子绳绕圈处系好，再取一绺黍子穗按同样步骤操作，这样一绺绺黍子穗错落有致地扎紧捆好，成形后用片刀将根部削成花瓣形，一把笤帚就刨成了。

邻村有个李刨匠，四十七八岁，是个罗锅，腰弯得像半个车轱辘，走路总是脸朝黄土背朝天。因为干农活不方便，早年他爹给他找了个师父学刨笤帚，对他说："你这身子骨土里刨食不行，只能学门手艺，学刨笤帚吧，这样我和你妈走了，你还能自个儿挣口饭吃……"

按照爹的旨意，李刨匠刻苦学艺，很快成了十里八村有名的刨匠。他晚上在家刨，白天走街串巷刨，外带卖笤帚。他刨的笤帚平展、结实、秀气，很受农人欢迎。

笤帚是去了粒的黍子穗做成的，而黍子产量低，一般年景没有哪家愿意种黍子，只有风调雨顺的年景，农人才舍得拿出一片地种几垄黍子，一是为过年时蒸点年糕，二是留点黍子穗刨几把笤帚。因此，李刨匠成了年景好坏的风向标，他走街串巷出摊了，说明今年雨水勤、年景好，大粮丰收了，农人舍得种黍子了。

这不，完场个把月了，粮食早晒干入囤了，家家备好了黍子穗，盼着李刨匠到来。一天，两天，十天过去了，李刨匠还没来。妇女们街上碰面，相互猜测李刨匠为什么不出摊，最终也没有个准确答案。

又过了一个月，李刨匠终于现身了。妇女们把一捆捆黍子穗扔到李刨匠摊前，争着抢着要他先给自家刨，有的还提前就付了款。

"今儿个不收钱，免费给每户刨五把笤帚！"李刨匠指着身边写着字的一块木牌子说。

妇女们不认识字，不知牌子上写了什么，你瞧瞧我，我看看她，不解李刨匠是什么意思。

见大伙儿心存疑惑，李刨匠像教书先生给学生讲课一样，满怀深情地道出了原委。

前段，连着两天下雨，李刨匠没有出摊，在家里刨了两天笤帚，整整齐齐地码在西厢房里，盼着天放晴后出摊带卖。

人生万事无不有，祸福总在不意时。谁承想邻居家小孩儿二毛放炮仗，一片炮皮飞入李刨匠存放笤帚的西厢房内，引燃了笤帚，烧毁了厢房，好在人员平安。

二毛爸妈见孩子闯了大祸，一阵痛打二毛后，一家三口来到隔壁，跪在李刨匠跟前，求他高抬贵手别告官。

李刨匠把二毛爸妈让进北屋，宽慰他们说："哪儿的话，告什么官，他还是个五岁的孩子，哪儿懂得深浅。再说，屋里屋外没什么值钱的物件，烧了就烧了，旧的不去新的不来。我有手艺，再慢慢挣，慢慢置办。你们放宽心，别往多了想。"

一席话，说得二毛爸妈心里暖暖的，一把拉过二毛，再次给李刨匠磕头致谢。

村里居民家失火，毕竟是个不小的事，村干部连夜开会，向全村通报了事故情况，提醒村民接受教训，提高警惕，防火防盗，同时研究了事故

远 / 去 / 的 / 老 / 行 / 当

李刨匠刻苦学艺,很快成了十里八村有名的刨匠。他晚上在家刨,白天走街串巷刨,外带卖笤帚。他刨的笤帚平展、结实、秀气,很受农人欢迎。

庄明正 绘

处理办法。村干部们原打算由二毛家赔偿李刨匠经济损失八百元，可李刨匠不同意，说古人讲"害生于未备"，是我警惕性不高，防备不周，临街的厢房窗户早破了没及时修缮，不然炮皮进不去屋子，也就失不了火，这说明我有责任。村干部被李刨匠的风格感动了，又考虑二毛奶奶正患病住院，家里生活也挺紧巴，最后决定由村里从特支费中拨出八百元钱，帮李刨匠修缮厢房。

人与人之间联系着的是情，是感情，是真情。真情与真情碰到一起，便生出绚丽耀眼的火花。原本极易引发纠纷的失火事件，在李刨匠高风亮节的姿态下烟消云散、妥善解决了。

二毛一家千恩万谢李刨匠。自此，两家的关系更加密切，相互间大事小情互帮互助：二毛奶奶去世时，李刨匠为她打了一夜下葬坑。他说，罗锅打坑方便，不用强弯着腰。比二毛大三岁、刚上小学二年级的李刨匠的儿子明明，夜里患了急性盲肠炎，二毛爸背着他跑了二十里山路到县医院抢救。他说，你李刨匠身子不方便，我年纪比你轻两岁，又没毛病，这事我办最合适。

要说这次失火事件中最受感动的还是李刨匠。他没想到村干部为这事连开了两次会，没想到出钱、出工很快为自己修好了房子，这事放在中华人民共和国成立前根本不敢想。他越想越觉得共产党好，社会主义好。他要报恩，他要回馈社会。他向村干部承诺：往后免费给全村刨笤帚，方圆五里内各村给每户免费刨五把笤帚。于是，他找人在一块小木板上写下了"社会主义恩情大，每户免费刨五把"一行大字，走到哪儿把小木板带到哪儿。

妇女们听了李刨匠的述说，都为他伸出了大拇指：好人哪，好人总会得到好报的！

李刨匠"好人"的名声传遍十里八村，传了二十几年。

人总是要老去的，总是要死掉的。李刨匠琢磨：自己刨了一辈子笤帚，在行业里也算有点名气。农人生活离不开笤帚，因此需要有人刨笤帚，自己年龄越来越大，总不能把手艺带到棺材里去吧。于是，他给自己订了个三年规划：收儿子明明为徒，教会他这门手艺。不管他将来发展到什么程度，就算他上大学，当了什么家，只要农人需要笤帚，他节假日也可以刨，也可以为农人服务。

从此，明明每天晚上做完学校老师留的书本作业，接着做爸爸留的刨笤帚作业：选料，去鞘，压软，掸水……按照父亲交代的程序，一步步做，一点点学。寒暑假，李刨匠还带上明明走街串巷，出摊刨笤帚、卖笤帚，让他熟悉环境、亲身感受。

明明十五岁那年暑假的一天，独自出摊刨笤帚。妇女们不解，问他爸怎么没来。他说他爸病了，得了不治之症。他还说，他初中毕业了，刚考完高中，通知书还没下来，不知道能不能考上。他告诉婶子、大娘们，就算爸爸的病真的治不好，走了，大伙儿也不要担心，往后各家各户的笤帚由他负责刨，不会误事的。他还告诉婶子、大妈，他现在刨笤帚的水平和他爸差不了多少，前段县上召开匠人比武大赛，他爸得了该行业第一名，他得了第二名。

明明的一席话说得妇女们心里酸酸的，纷纷嘱咐他：考不上高中说明孩子跟我们缘分深，离不开，拆不散。若考上高中还是放心地去念书吧，别误了自己的前程。

此后三年中，明明每星期天出摊一次，附近几个村来回转，平时见不到他，人们猜测他可能考上高中了。又过了三年，星期天也见不到明明出摊了，人们猜测他可能考上大学了。

见不到就见不到吧，人的前程是大事，只是听不到李刨匠的音讯了。妇女们这样想着。

各行各业机械化生产替代了手工生产。刨笤帚这一行当也变成了机械化生产，而且原料不再是黍子穗、高粱穗，取而代之的是棕丝、芦苇、塑料等,比人工刨的黍子穗笤帚干净漂亮、结实耐用。

然而,无论怎么宣传,农人,特别是上了年纪的农村主妇,用黍子穗刨的笤帚永远是她们的最爱,机器永远取代不了李刨匠在她们心中的位置。这不,有个老太太随儿子搬进城里,特意把一只没用完的笤帚疙瘩打进包袱里带进城,说是留个念想。

"念想"两个字,寄托着人们对农村匠人的倾心崇敬之意,饱含着农人对传统农耕文化的无限眷恋之情……

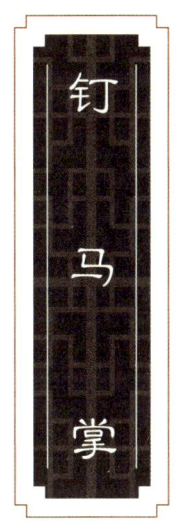

钉马掌

1953年底,中央做出了《关于农业合作化的决议》,我们村闻风而动,很快成立了农业生产合作社。

随着以生产资料私有制为基础的个体农业经济向以生产资料公有制为基础的农业合作经济迈进,村里添置了马、骡、牛、驴等大牲畜二百多头,用以农耕、运输,发展集体经济。

牲畜长时间走路摩擦、水浸,蹄下角质不断磨损、腐蚀,影响行走,需要不定时换马掌,就像人的鞋底磨破了需要修鞋、钉掌一样。

几百头牲畜换马掌，每年可是一笔不小的开支。合作社领导班子合计，决定推选一人学钉马掌，负责给全村大牲畜钉掌。

钉马掌是个苦活计、累活计、危险活计。说它苦，因为每天和牲畜打交道，无冬无夏，臭气熏天，弄不好沾身毛、落身土、溅身粪；说它累，因为几百头牲畜不断地换掌，一年四季忙，既要有技术，又要用力气；说它危险，因为牲畜有野性，不顺心、不舒服就犯浑，弄不好被踢、被咬、伤筋骨。正因为这，合作社大红告示贴出三天了，还没有人前来报名。

第四天早上，合作社办公室的门刚打开，便闯进一个三十几岁的壮汉，"啪"的一声把那张大红告示甩在了社长办公桌上，粗声粗气地说："这个差事我来干！"

此为何许人？二队刘旺财。

"想好啦？不能光想发旺财，钉马掌可不是好玩的！"合作社社长对刘旺财说。

"怎么，还难过打通二郎山？"小伙子反问。

刘旺财说的不差，钉马掌的难处、苦处、险处，与修康藏公路打通二郎山相比，简直是蚂蚁比大象，不值一提。

刘旺财1947年参军成了十八军一名普通战士，南征北战打了三年仗。1950年底，十八军一面进军西藏，一面抢修康藏公路。

修建康藏公路小北线，第一险就是二郎山。

二郎山位于四川雅安与甘孜州交界处，高三千五百米，山河并行走势，正像红遍全国的《歌唱二郎山》中唱道："二呀二郎山，高呀么高万丈，古树荒草遍山野，巨石满山岗，羊肠小道难行走，康藏交通被它挡……"

祖国一声令下，十一万军民穿着棉衣，身上捆着绳子吊在半山腰，一锤一锤地敲，硬是用四年的时间修通了这条横跨八条江河、十四座大山的钢铁交通线，工程的巨大与艰险，在世界公路史上绝无仅有，二郎山下民宅的土墙上至今还留有当年军民奋战二郎山的老照片。

刘旺财总算回来了，可他的两根手指却留在了二郎山上。他当着合作社全体领导立下军令状："吃过二郎山修路的苦，其他什么苦都不在话下，钉马掌的差事我保证干好，请各位领导把心放在肚子里！"

其实，合作社领导们心里早有小九九：自从刘旺财退伍回乡后，把村里的民兵工作搞得红红火火、有声有色，乡亲们都说他是个干事业的好后生。领导班子开始也想让他接手钉马掌这活，只是觉得大材小用了他，这才贴告示招贤。如今见他这么坚决，几位领导一碰头，刘旺财钉马掌一事最终敲定了。

县城东侧公路旁有个钉马掌摊，摊主是个远近闻名的老师傅，手艺精湛，活计漂亮。最初，我们村的牲畜大都是拉到这里钉掌。刘旺财自打接过钉马掌差事后，一连五天天不亮就起床，背上干粮，步行十里路到那里拜师学艺，从工具的准备到进料途径，从牲畜的捆绑到扳蹄脚动作，从铲削蹄角质到选活（蹄铁）、钉钉子，边干、边问、边记，五天下来，图画、文字记了一大本。

一切准备停当，刘旺财走马上任了。

不干不知道，一干才知道钉马掌的确是个技术活，光有胆识拼力气不行，还要懂科学讲艺术。据说欧洲许多国家建有钉马掌学校，最有名气的要数比利时首都布鲁塞尔的钉马掌学校。那个学校学制三年，第一年学理论，第二年在死马身上练习，第三年实践，都合格了才能毕业，加拿大、智利甚至毛里求斯的青年都到那里求学。

相传钉马掌是罗马人发明的，早在公元前一世纪的遗址中就发现了马掌。在我国，据说隋代开皇四年（584年）开始就有了钉马掌行当，敦煌莫高窟壁画中的钉马掌图显示了这一情况。

我家乡京郊房山管钉马掌叫"钉活"，就是给大牲畜的蹄子钉上铁质的G形或U形物——蹄铁。蹄铁上有三个或四个小孔，钉子由孔中钉进蹄角质，就完成了钉掌过程。为防止冬天行走打滑，我国东北地区也有用胶

远 / 去 / 的 / 老 / 行 / 当

刘旺财钉马掌技术炉火纯青,成了远近闻名的马掌师,不仅承担着全村大牲畜的钉掌任务,附近十里八村的大牲畜也到这里来钉掌。

李云峰 绘

皮代替蹄铁的。

既然钉马掌是个技术活,所以光有力气不行,还要有科学知识和经验积累。这不,刘旺财忽略了这后两点,走马上任第一个月就三遭"滑铁卢"。

第一遭:一队有头毛驴,吃了过度发酵的青玉米秆,闹开了肚子。刘旺财没掌握这个情况,这天给这头驴钉掌,一只蹄刚钉进两个钉子,驴跑肚拉稀了。不偏不倚,粪便从刘旺财脸上顺流而下,前胸裤腿全是粪便,那个臭劲儿差点把他熏倒,恶心得一天没吃饭。

第二遭:四队有头牛,专做春耕运肥、秋收拉粮用。由于牛的动作缓慢、稳当,专门交给一老者使唤。这天刘旺财给牛钉掌,谁知它耍起了牛脾气,猛回头用犄角使劲儿一挑,刘旺财的一只裤腿被挑开了,腿肚子还被划了一个两寸长的大口子,幸亏没伤着骨头。

对筑路英雄刘旺财来说,这前两遭算是小儿科,根本难不住、吓不倒他。可这第三遭,差点儿吓破刘旺财的胆。

事情是这样的:三队有一匹马,刚两岁口,膘肥体壮,鬃长毛亮,驾辕、跑山路、拉煤、运山货是把好手,村里公、私用煤,多一半是靠它运回来的,在全村的大牲畜中,它可称得上功臣。只是这匹马刚从内蒙古大草原上买回来不久,野性、烈性还很强,所以三队安排一名老把式使唤它,边用边调教。

这天老把式拉着这匹马找到刘旺财钉掌,安顿停当后,老把式去茅房小解了。就在这时,烈马惊了,三下两下挣脱开绳子,一头把刘旺财拱了个大仰朝天。这还不算,一口下去叼着了刘旺财的命根子往外跑,街上的人见状都吓傻了。烈马见到人群,不再奔跑,原地打开了转,刘旺财头脚不着地,横躺着随马转圈,恰似马戏团在表演。

老把式小解回来不见烈马,自料大事不好,循着人们喊叫的方向追去。来到马前,一个箭步冲上去薅住了马鬃。马嘴张开了,可惜时间晚了。刘旺财被送进了医院,医生发现他的命根子上半截神经已经坏死,不得不手术截掉。

到底是从二郎山筑路工地下来的汉子，刘旺财在家休养了半个月，又操起家什干起了钉马掌活计，根本没把断命根子的事放在心上。

自打出了那事以后，不知谁编了句歇后语："刘旺财的命根子——没头儿"，用以形容时间漫长、没有终结、没有尽头。有的人当面就这么喊他说他，你猜他怎么回答："没头儿怕什么，我儿子三岁了，老婆又怀上了，保不齐是女孩儿，儿女双全了，有头儿没头儿无所谓了。再说，咱刘旺财两根手指留在了二郎山上，半截命根子留在了村里，一个天上一个地下，都有咱的骨血，这叫顶天立地！"一席话说得那人既亢奋，心里又酸酸的，自言自语道："话是这么说，苦了你自己啦！"

再次操起钉马掌活计，刘旺财吸取了教训，总结了经验，三个招数制服了牲畜，从此，钉马掌顺风顺水，平安无事。

第一招：固定场地。刘旺财在村中老戏台旁选了一片空地，竖起四根立柱，两根一对各均匀绑上四根圆木，形成一个宽一米、长两米的长方形木框，中间刚好停放一头牲畜。钉掌时把牲畜领进框中，从肚皮处绕两根绳子固定在木框最上边那根圆木上，牲畜呈吊起状，四蹄几乎离地，头部同样吊起固定。这样一来，随你怎么摆布，牲畜规规矩矩，不动不叫。

第二招：增进友谊。就是和牲畜交朋友，建立感情。晚上，劳作一天的牲畜收工回到棚圈里吃草、喝水、休息，这是刘旺财最忙碌的时候。他一个棚圈一个棚圈跑，帮饲养员给牲畜添料加水，然后慢慢接近牲畜，梳梳马鬃，刮刮牛毛，揉揉骡子屁股，摸摸毛驴耳朵，伸出嘴巴与牲畜亲亲，扳起蹄子用手指弹弹……全村四个队二百多头大牲畜，一圈下来要花上四五个钟头，每天都是半夜才能回家休息。

功夫用到家，铁树也开花。刘旺财就这样坚持了小半年，全村的牲畜都把他当成了朋友，和他熟了、亲了、听他话了，再也不调皮捣蛋犯浑了。

第三招：追求精细。给牲畜钉掌，好比给人买鞋，大小、肥瘦要合脚，这样穿着走路才舒服。同样，给牲畜选铁活也要大小合适。刘旺财钉马掌首先把好这一关，绝不将就、凑合。再就是用铲刀削蹄角质时，要根据磨损程度确定哪儿该削、削去多少，做到既平滑，又薄厚适度。再有就是钉子选择要讲究精准，长了伤蹄肉，短了不牢固，长短要得当，钉钉时钉子钉入，一锤固定，二锤到位。还有，发现牲畜蹄脚发炎或者有其他毛病，先看兽医再钉掌，不能带病"穿鞋"，糊弄牲畜。

天道酬勤。很快，刘旺财钉马掌技术已经炉火纯青，成了远近闻名的马掌师，不仅承担着全村大牲畜的钉掌任务，附近十里八村的大牲畜也到这里来钉掌。他火了，出名了，在县里"考把式"比赛中还拔了头筹，大红奖状挂在了他钉马掌招牌专用的那个长方形木框上。

胜败论功过，输赢有奖惩。刘旺财用汗水和心血反哺故里、造福桑梓，为村里增加了收入。有的社员建议：应该像二郎山下民宅墙上张贴筑路英雄群像那样，在村中央老戏台上给刘旺财塑一尊雕像！

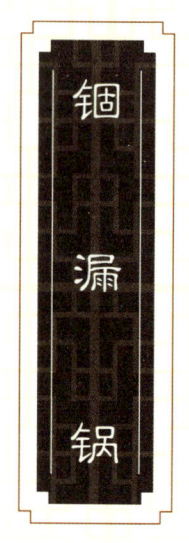

"锢漏锅""锢漏锅"……

清晨，街上不断传来稚嫩的吆喝声。一个十岁左右的小男孩肩上背个竹筐，走街串巷，招揽锢漏锅的生意。他的父亲在村中庵儿庙前摆好了摊子：一只不大的风匣，一个圆筒炉子，炉子上架一水杯大小的坩埚，刚刚点燃的焦炭已经亮起了火苗。旁边停放着一辆独轮架子车，车右侧的挎筐上放着一床破旧的棉被和一口小铁锅、两只旧瓷碗。左侧的挎筐空荡荡的，显然是装地上的风匣、炉子等用具的。

父子俩姓佟，儿子叫春儿，没人问过他爹的名字，都喊他佟师傅，安徽人，祖传锔漏锅手艺。那年淮河水泛滥，家乡被淹了，孩子妈逃荒回了娘家，父子俩推着独轮车一路北上，走到哪里锔漏锅生意做到哪里，吃住在哪里。

父子俩昨天来到村上，见庵儿庙里有间废弃的棚子，就在那里暂住了下来。和他们父子俩同住的还有一个做锔盆锔碗生意的，他们是隔着一里路远的邻村老乡。

不大工夫，春儿背着两口铁锅回来了。佟师傅取下铁锅看了看，两口锅都有不同程度的毛病。其中一口锅脐（锅底接触火的部分，俗称"锅屁股"）的两边有三个小米粒大的孔，另一口锅的一侧有个一拃长的裂口子。他用小铲子将锅底的黑烟垢铲干净，又拿起一把带尖的小锤子把有三个小孔的锅，按原孔钻了几下，使小孔见了新茬儿；在有裂缝的那口锅上，沿裂缝轻轻敲出了两个大小相同的小孔。一切准备停当后，从一个布口袋里抓了一把碎锅铁放进坩埚，左手有节奏地用力拉风匣。

随着炉子里的火苗由红变蓝，佟师傅加快了拉风匣的节奏。很快，蓝火苗变成了白火苗，坩埚里的碎铁熔化了。这时，只见佟师傅停住了拉风匣，右手用铁钳夹起坩埚，倒一点铁水在左手上的特制拒燃软布上，轻轻一摇，一个杏核大小的火球左右晃动。说时迟那时快，佟师傅从锅底处对准小孔猛地一托，另一只手同样拿一块特制的拒燃软布从锅里对应地一摁，小孔被堵上了。这个过程，叫作"一火"。用同样的方法，把其他小孔堵好。铁水冷却之后用小铲子里外一刮，整个工程顺利结束。

由于祖传下来的锔漏锅手艺，佟师傅在这一行当里可称得上技高一筹。有些活计别人干不了，到他手里却不在话下。生产队养猪场里的一口调猪食用的大锅被炸了一个两尺长的大口子，三个锔漏锅的手艺人看了都摇头说弄不了。佟家父子被请到养猪场，看了活儿，对饲养员说：没问题。

在饲养员的协助下，佟家父子绑了个木架子，把大锅口朝上架在木架

远/去/的/老/行/当

子上,佟师傅站在锅下把锅底的烟灰铲净,再用尖锤沿着裂缝依次凿出五个绿豆粒大的小孔。一切准备好后,开始拉风匣化铁水。铁水化了,他把儿子举进铁锅里,一番交代后,自己用特制拒燃软布托起一铁水球顺着小孔向上一摁,春儿在里面用同样的工具对应着往下摁。不大工夫,五个小孔全部堵好。

佟家父子用祖传绝活锔漏好调猪食的大铁锅,消息不胫而走,很快方圆几十里老幼皆知,他的生意越加红火。

手艺人凭手艺和信誉吃饭。佟师傅从不以手艺高超讹人、骗人。他信奉先人传下来的"贪于近者则遗远,溺于利者则伤名"的古训,诚信待客,

佟师傅不仅手艺好,关于锅的知识也知之甚多,生意做到哪里,厨具知识宣传到哪里。

庄明正 绘

童叟无欺。

一天,太阳快下山了,佟家父子熄火歇业正在吃晚饭,一位老太太提一口铁锅来修。佟师傅一看,一条裂缝几乎贯通锅底。按正常情况,这口锅早该淘汰卖废铁了。佟师傅想,既然这样的锅也拿来修,肯定老人家境贫寒,钱不凑手无法买新锅。既然这样,无论如何要给她修,还要修好。

佟师傅重新点起炉子,为老太太做专场生意。按说,这么长的裂缝至少要锢漏十火。为了给老人省几个钱,佟师傅精心设计,最终用六火把老人的锅锢漏好了。

老太太拿起一个石子在锅上轻轻一敲,当当响,声音和新锅比没什么两样。付了钱，提起锅，边走边高兴地说："这回好了，我小孙子哭闹着要的那件军装绿上衣有着落了！"

佟师傅不仅手艺好，关于锅的知识也知之甚多，生意做到哪里，厨具知识宣传到哪里。比如，他向前来修锅的人们解释说，铁锅是最安全、最卫生、最环保、最廉价的锅，是千百年来广受欢迎的传统厨具。铁锅不含其他化学物质，不会氧化，炒菜、煮食过程中不会有熔出物，即使有铁熔出，对人身体不但无害反而有益。

有个老太太来修锅，把锅放下就向佟师傅诉苦，埋怨儿媳妇毛手毛脚，好好一口新锅，没用几天就弄出两个小孔，不停地往外渗水。

佟师傅举起锅，对着太阳一照，乐了。对老太太说，不是你儿媳妇毛手毛脚，是你这锅原本就有砂眼。接着，他告诉老太太，铁锅是生铁熔化后灌进模子里铸造而成。铁水里不能有杂质，若有杂质，铸出来的锅就会带砂眼，砂眼遇高温便熔化，就出现渗水的小孔。往后买锅要仔细挑，特别是锅脐处，它的周围若有突起或下陷米粒大小的东西，那就是砂眼，千万不能买。

老太太修好了锅，还学了一套买锅选锅的方法，满意而归。

又有个新媳妇，在娘家时娇生惯养，从没下过厨做过饭，结婚第四天学着做饭，谁知铁锅快烧红了才想起放水，结果只听"啪"的一声，锅炸了。她赶忙端下锅，吓得心里扑通扑通直跳：头一回做饭弄成这个样子，怎么向婆婆交代？她赶忙提着锅找佟师傅修。

佟师傅问清原因，一边修一边对新媳妇说：铁锅是生铁铸的，加热后突然遇冷水，冷热不均自然会炸。往后做饭要先放水再加热，热锅冷却后再加水。

佟师傅就是这样向农人普及铁锅使用常识，延长了铁锅使用年限，为农人节约了开支。同行手艺人说佟师傅傻，自己堵自己的生财之道，是手艺人里的另类。他却说：铁锅毕竟是天天使用的消费品，这么多人用它，每天有一口锅出问题来修理，就足够我吃饭的。再说，经常和农人讲讲这些，农人对你有了亲切感、信任感，还愁没生意做？

村小学校有五位老师，五位老师轮流值班下厨做饭。高个子李老师第一天值班做饭，铁锅炸了，找佟师傅来修。他见春儿帮助父亲忙活，问他为什么不在老家上学。佟师傅告诉他，家乡遭了水灾，出来混口饭吃。

"小孩子是要读书的，社会发展这么快，没有文化怎么成？建设社会主义需要科学文化知识呀！"李老师认真地给佟家父子讲知识的重要性，并提出要佟春到他们学校做旁听生，待家乡洪水退后再回去读书。

春儿不等父亲点头，自己首先表态："谢谢老师，我明天就去旁听！"他给李老师深深地鞠了一躬。

佟春在村小学校当了五天旁听生，从第六天起再没到学校去。晚上，李老师到庵儿庙去找。佟师傅告诉他，春儿回老家读书了。邻村锔盆、锔碗的刘师傅的父亲病故，回老家奔丧，顺路把春儿带回去了。

"在哪学习都一样，别辍学就好！"李老师说。

春儿走的那年秋天，我应征入伍了。一晃七八年过去了，再没有听到佟家父子的消息。

这年春天，部队征来一批安徽籍的兵。那时我已到团政治处当干事。心里想：这批安徽兵会不会有当年的佟春？转念又一想，安徽省那么大，全省只征三十名新兵到我们团，哪有那么巧的事把佟春征来？抱着试试看的心理，我到司令部军务股查看新兵花名册。倒是有个姓佟的叫佟新，不叫佟春。我不死心，跑到新兵连要见见这个佟新，看是不是当年的佟春。

新兵连正在进行队列训练。指导员听说我的来意，指着前排第一名的那个战士对我说，他就是佟新，好聪明、灵光的小伙子，教什么东西一点就通，一学就会，前两天队列训练阶段考核，他动作干净利落，节奏感强，前十名优胜者他名列第一。

我仔细打量这个佟新，个头高，长得帅，膀阔肩宽，有那么一点当年佟春的影子。莫非是佟春的胞兄胞弟？我下决心弄个水落石出。

课间休息了，新兵们仨一群、俩一伙，有的聊天，有的唱歌，有的切磋技艺。我靠近佟新不远处，突然喊了一嗓子："锢——漏——锅——"

我这一喊不要紧，佟新立即跑了过来，问我："你会锢漏锅？也是安徽人？"

我把在家乡见到的佟春和他父亲住庵儿庙做锢漏锅生意的事简单叙述了一遍。他听后很兴奋，说那个佟春就是他，可能当地人听不懂他们的口音，把新听成了春，一直把他叫作佟春。

从那以后，每逢节假日，佟新都要请假到机关找我聊天，打听让他当旁听生的李老师的情况，打听在小学校结识的几个小朋友的情况，打听庵儿庙那间废弃棚子还有没有手艺人住……他还告诉我，随着社会的发展，人们的生活标准、生活方式都发生了很大改变，如今钢种锅、铝锅、铜锅、搪瓷锅充斥市场，很少有人用铁锅了，即使铁锅用坏了，随手当废铁卖了，没人再修，这就直接影响了锢漏锅的生意。所以他父亲早就放弃了那个老行当，改学木匠了。

通过佟新的介绍，听得出他是个既心细又聪慧的青年，还是个有情有义的性情中人。我鼓励他好好干，在部队摔打自己，做个新时代的优秀军人。

又过了三年，我上调京城履新。之后不断有佟新的好消息传来，先是他考上了军校，后来听说他毕业后回原部队任少尉排长。

我听着，想着，眼前似乎隐约出现了这样一个场景：若干年后，一颗将星缀在了当年一个锢漏锅的小男孩的肩上……

20世纪70年代以前,京西一带民房多为老式土坯或卧砖起脊平房,房的顶部由木制檩条、椽子搭建,檩椽上面铺一层苇笆或荆笆,再在上面抹一层穰子泥和一层灰泥,半干时表面拍一层沙子。家庭殷实的不拍沙子,用瓦片镶嵌。

不管用什么封顶,从屋内向上看,屋顶显得杂乱,不美观,冬天显得空荡荡,冷嗖嗖。一般情况下,特别是结婚用的洞房,农人都在屋顶下面加一层东西,把屋顶的结构遮蔽起来,我家乡一带叫它顶棚,也有叫天花、平顶的，以起到美观、整洁、保温的作用。加这层东西是一门技术，由专门的匠人去做，做这种活计的匠人叫裱糊匠。

裱糊匠裱糊顶棚有专门流程：先在屋顶四周找平，做上标记，沿四周做上框，然后用高粱秆按比例纵横绑成龙骨。龙骨绑完后糊素纸或彩纸。一般糊三遍纸，打底子用比较结实的毛刀纸，第二遍糊一层比较宽大的大白纸，最后糊带花纹、比较美观的高粱纸。

糊顶棚流行于京津冀和东北地区，曹禺先生在剧本《北京人》中，就有当年活跃在京城四合院里的裱糊匠的精彩描述。小时候，听说书人讲述清末大臣李鸿章"一生风雨裱糊匠"的古书段子，那是李鸿章自嘲修裱漏洞百出的清政府，不过一则笑话而已。我倒是听说并亲眼见过真正的裱糊匠——李糊匠李守章，与李鸿章一字之差。

李糊匠李守章在我们那一带声名鹊起，方圆十里八村无人不知、无人不晓。他干的活干净利落，结实耐用，美观大方，价格便宜。拿绑龙骨来说，别的糊顶棚的用麻绳，他用铁丝；别的糊顶棚的钉五根千斤（连接龙骨与屋顶间的吊杆），他用十根。所以他绑的龙骨既规整又牢固，小孩儿可以在上边打悠儿，十年八年不变形。他贴纸，不管第一层还是最后一层，从不用笤帚扫，从刷浆糊到糊纸，轮换着用两种特制的羊毛刷子，浆糊里还掺一定比例的小药儿（李糊匠自己研制的）。他说羊毛刷子柔软，刷浆糊匀称，糊纸服帖，加点小药儿防老鼠嗑，防虫子咬。

李糊匠糊的顶棚还有一个特点：四角都留有一个十公分见方的小孔，每个小孔各安装一个彩色小灯笼。小灯笼是李糊匠亲自设计的，由他老伴亲手做成。李糊匠说，留四个方形小孔可通气防潮，安上小灯笼美观，看着舒服。在我们那一带，谁家顶棚有这个标志，甭问，李糊匠的活。

李糊匠干活漂亮不说，还精明得很，一般人没他那点儿心里算计。当然，他是为乡亲们算计，为农人算计，算计怎么方便乡亲，怎么为农人省几个钱。这不，前两天他就靠精明的算计，巧妙地了断一桩挠头事——

农村谈婚论嫁有个说法：正月不娶，腊月不订。春分节过后，已到三月下旬，阴阳各半，花事如期，农历三、六、九都是好日子，因此，出现结婚"井喷"的现象。

这天晚上，赵、钱、孙、李四家户主同时上门请李糊匠去家里糊顶棚。李糊匠得知，这四家婚日都订在农历初九，掐指一算，总共给他留了半个月的时间，而糊顶棚每户需要五天时间，四户加起来至少要二十天，即使手头紧巴的李家只要求糊两层纸，四户人家的顶棚没有十八九天也下不来，显然十五天是不够用的。

怎么办？李糊匠让四位老弟先回去，他合计一下，明早给他们回话。

第二天一大早，李糊匠把赵、钱、孙、李四家主人找来，宣布他十五天之内裱糊完四家顶棚的妙招儿——交替裱糊法：

先到赵家绑龙骨，绑完龙骨接着糊第一层纸，等晾晒的时间到钱家绑龙骨，绑完龙骨后先不糊纸，到孙家绑龙骨，绑一半后停下，返回赵家糊第二层纸，糊完后到钱家糊第一层纸，之后到孙家接着绑龙骨。孙家龙骨绑完到李家绑龙骨，绑一半放下返回赵家糊第三层纸，赵家的工程到此结束。再回到钱家糊第二层纸，之后到孙家糊第一层纸，再到李家把龙骨绑完。之后到钱家糊第三层纸，到此钱家的活也就做完了。再到孙家糊第二层纸，之后到李家糊第一层纸，糊完返回孙家糊第三层纸，这时孙家的活也干完了。剩下的时间就是李家的了。因李家只要求糊两层纸，用一天时间就够了。这样，四家顶棚只用十三天就完工了，四家婚庆喜事如期举办。

好一个"交替裱糊法"，分明是巧用了等待糊纸晾晒的时间。赵、钱、孙、李四家主人无不为李糊匠的聪明睿智所折服。只是辛苦他了，马不停蹄，一连十几天苦干，没留一点儿喘息的时间。

远/去/的/老/行/当

李糊匠李守章干的活干净利落,结实耐用,美观大方,价格便宜。

李云峰 绘

李糊匠不仅头脑灵光、聪慧睿智，还是个心地善良、公正仁义之人，谁家有个大事小情，他都主动出手相助。邻居儿媳妇生孩子大出血，十分危险，村里动员去卫生院献血，他带着儿子第一个跑去，父子俩献了八大管血；孤寡老人刘大伯家二亩麦苗旱得都耷拉脑袋了，他带上儿子夜里挑水浇，干了三个晚上，不仅保住了麦苗，大旱之年还夺得了丰收……

村里有个周姓人家，大儿子锁头给人家赶车拉庄稼，驾辕的马匹惊了，拉着车狂奔，前边不远处两个小孩儿正在路边玩耍，眼看就要撞上了，锁头一个箭步冲向前去，死死拉住马笼头，两个小孩安然无恙，自己却滚到车下，当了缓冲器、垫车石。经医院抢救，保住了左腿，而右腿从膝盖处截掉了。就因为只剩了一条腿，再加上母亲长期患病卧床，挣几个钱都送进药店里，快三十的人了，还没有个对象。

邻村有个姑娘，三岁上得了一场大病，吃了游医开的药，过敏、中毒，左眼瞎了，右眼也几乎失明，经好心人撮合，与锁头订了婚，婚期定在六月初六。眼看五月过完了，因钱不凑手，婚房的顶棚还没影儿。

李糊匠听说了，很是同情，对锁头爹说："甭发愁，我给你想办法。"

"你有啥招儿？难道巧媳妇还能做出没米的粥不成？"锁头爹边摇头边说。

"你回去叫嫂子调一盆浆糊，你去镇上买两刀大白素纸，别的事不用你管，等着瞧好吧！"李糊匠拍着胸脯对锁头爹说。

第二天一大早，李糊匠扛着一捆高粱秆来到周家，挽起袖子忙活起来：找平，钉框，绑扎……一天下来，漂漂亮亮的龙骨绑好了。

第三天，李糊匠背着两大捆旧报纸来了，进门便对锁头爹说："猪往前拱鸡往后刨，各有各的招儿，咱没钱有没钱的办法，用旧报纸糊第一层，第二层糊你买的大白素纸，保你看不出来，喜事照样办！"

"那就好，那就好！"锁头爹应和着。

李糊匠用旧报纸给周家糊顶棚的消息很快在村里传开了,人们纷纷前来参观,不少人说,赶明儿也用这办法,省不少钱哪。

就是为了给周家省钱,没想到李糊匠摊上事了——有人到镇派出所举报,说李糊匠用登有领袖像的报纸糊顶棚。

李糊匠被叫到镇派出所接受调查。

乡亲们不干了,跑到镇上围在派出所门外,嚷嚷着为李糊匠鸣不平。

村里王村长怕闹出乱子,急忙跑到镇上劝说乡亲们:"大家先回去吧,我进去看看,李糊匠不会有事的。"

乡亲们陆续散开了,回村了。

王村长走进派出所刘所长的办公室,见刘所长正向李糊匠了解情况。

"周锁头当年为保护村里的两个小孩,勇拦惊马被车轧断双腿成了残废,快三十了才搞个对象,家里穷得买不起毛刀纸糊顶棚,我叫在县城工作的儿子从废品站买回两捆旧报纸给周家糊顶棚,这也是解决实际生活困难,怎么能说是不尊重领袖呢?"

"既然有人举报,我们就得过问。听了你讲的情况,我感到问题没那么严重。不过确实应该注意。旧报纸可以废物利用,但要有所选择,把刊有领袖照片的报纸挑出来,这样不就两全其美了吗。"刘所长平和地说。

"对对对,确实应该注意。请刘所长放心,回去我要在全村大会上讲这个事儿,让乡亲们都注意起来,杜绝类似的事发生。"王村长向刘所长表了态。

李糊匠接过王村长的话茬说:"我李守章做事从来都是遵规守章,从来不做害党、害国、害百姓的事。我听刘所长和王村长的,往后办事想得周全些。"

李糊匠和王村长肩并肩回到村里。乡亲们迎出村欢迎,人群里交口称赞:"李糊匠为村里办了多少好事,谁家娶媳妇、过新年糊顶棚不经李糊匠的手?"也有人说举报人无事生非。

王村长借此机会,把向刘所长表态的话向乡亲们重复了一遍。

自此,李糊匠仍然为大家服务,给乡亲们糊顶棚,成了大家心中公道、诚信的化身。

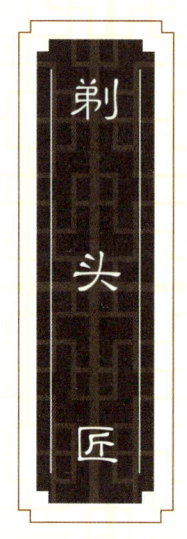

早年,在我的家乡京郊房山一带,几乎村村都有剃头匠,他们或固定在一简陋棚屋中,或流动在村中的庙前树下。

剃头匠的家什很简单,一副担子挑起全部家当:担子的一头是一只两尺多高的木箱子,箱子装有几个抽屉,分别盛着剃刀、剪子、木梳、毛刷、肥皂等;另一头是个小铁炉,上面坐个装满水的铜脸盆,水始终保持着温度,用来给前来剃头的顾客洗头、刮脸。"剃头挑子一头热"这句歇后语,就是从剃头匠所用的家伙什那里来的。

剃头匠从不吆喝，而是用一种叫作"唤"的器物招揽顾客。这种器物由两尺多长、一寸多宽的铁板制成，铁板两头呈尖状，从中间搣成对头弯，使两个尖头互相贴紧。剃头匠用一根筷子粗的圆铁棒伸进搣弯处，猛地向外划出，在两尖相贴处产生共振，发出悦耳响声。人们听到这种特殊的声响，知道剃头匠来了，便前去剃头。

我们村的剃头匠是外来户，姓宋，五十多岁，中华人民共和国成立初期买下村里一处废弃的屋子安了家，从此在村中庵庙前的大槐树下摆摊为村民剃头。

宋师傅剃头是科班出身。据说，他九岁那年因上树掏鸟蛋不小心从树上掉下来摔断了左腿，干不了重活，父亲便领他到镇上一家剃头铺拜了师。那时当学徒很苦，负责打扫卫生、整理剃头工具、给客人洗头，师父做活的时候，自己站在一旁看。晚上收摊时把地上的碎头发扫净装进口袋，攒多了卖钱给师父。收工回到住处，按师父传授的要领，在冬瓜或葫芦瓢上练习握刀、走刀，在手掌宽的布带上练习运刀、磨刀，天天如此，月月如此，每天要练到后半夜才能上炕睡觉。一天晚上，他困得厉害，不小心打了个瞌睡，剃刀直划向左手食指，手指肚被片下一块肉，鲜血流了一地。尽管这样，第二天师父照样让他打扫卫生、摆工具、冲头、洗头。

甘苦常从极处来。五年学徒，五年历练，成就了宋师傅一手剃头真功夫。他不仅学精、悟透了师父的手艺，还总结出一套操刀做活的经验体会：屏着呼吸握稳刀，思想集中勿浮躁，双眼随着剃刀走，快慢节奏把握好。

十五岁那年的春节前，宋家多卖了一口肥猪外加一石玉米，为儿子置办齐剃头一应用具，还专门请裁缝为儿子做了一件青布对襟上衣、一条藏蓝色粗布裤子，正月初六那天，便在庵庙前的大槐树下支摊营业了。

第一个前来剃头的是本村张村长。只见宋师傅把崭新的白围裙往村长脖子上一系，扭着村长的头往脸盆前一伸，三下两下为村长洗了头，然后拿起剃刀，只听唰唰唰一阵脆响，一袋烟的工夫，村长的头变得溜光闪亮。

接着，他用小毛刷蘸上肥皂沫，在村长的嘴巴周围涂了几下，又是几声唰唰脆响，村长的满脸络腮胡子也不见了。再看村长，头面洁净光亮，煞是清爽。围观的人开起了玩笑：张村长经这么一收拾，少说年轻了十岁，往后跑镇上县上开会什么的，当心别让哪个大姑娘、小媳妇抢走啊！

村长跟着大伙儿笑了一阵，刚伸手掏剃头钱，被小宋师傅急忙按住了手，说："您是我开张营业的第一个顾客，手工钱免了，给我传传名，多拉几个客人就行了。"

村长的头果然成了活广告，人人见了都说剃得好，都问哪剃的、谁剃的。于是，宋师傅的生意一下子火了起来，全村人都找他剃头，就连邻村的人也跑过来叫宋师傅剃头。

宋师傅不光手艺精良，还十分热心、诚信，不管客人是本村的还是外村的，不论活计是简单还是复杂，他都热情接待，精心处理，因此人们对他赞不绝口。

村里有个叫刘二的男人，从中华人民共和国成立初开始就在村里看果园，二十几年给果树翻土、除草、浇水、打药，年过花甲头部患了肿烂溃疡病，长了满头脓疮，老远就能闻到一股恶臭味。多年来，他不好意思找剃头匠，头发长了就让老婆用剪子好歹剪一剪。听说宋师傅摆了剃头摊，人又热情，就让老婆前去打探，问一问像他这样的头给不给剃。宋师傅回答干脆：剃头是我的主业，不管什么样，只要是人头就行，请刘叔放心来吧。

不见不知道，一见吓一跳。刘二的头发长得可以扎小辫子了。撩开头发，一块块脓疮占据了头皮的一半面积，有的结了痂，有的渗着脓水。由于脓疮严重，他一年都不洗一次头，发间一层尘渍，臭味扑鼻。宋师傅取一块羊肚手巾，围在刘二的脖子上，先用剪子一点点剪去长发，然后用毛刷蘸上温水润湿没有脓疮的头皮处，再用剃刀尖部一点点刮去上面的头发。足足用了一顿饭的工夫，刘二的头发才全部剃光。

几年了，就是因为一头脓疮而没人给他剃头，一个勤劳朴实的庄稼人

宋师傅一手剃头真功夫。还总结出一套操刀做活的经验体会：屏着呼吸握稳刀，思想集中勿浮躁，双眼随着剃刀走，快慢节奏把握好。

远/去/的/老/行/当

庄明正 绘

变成了自卑自弃的边缘汉，不敢见人，不敢照镜子，终日劳作、吃住在果园，忍着钻心的奇痒、刺鼻的恶臭，不能手抓，不能水洗，受尽苦痛。今天，宋师傅为他剃了头，他对着镜子照了又照，高兴得几乎忘形，不知说什么好，把来时带的一篮苹果撂下就跟跟跄跄地走了，走出十几步远扭回头喊了一句话：吃吧，不脏，老婆摘的，自家树上的。

宋师傅收下了刘二的心意。

这之后，凡有人来剃头，宋师傅就打听治疗头上脓疮的偏方、药方。这天，他去城里购买剃头工具，顺便跑了几家药店，请坐堂医生开了些治头疮的药，并按一老者提供的药方买了药，回到村里交给了刘二老婆。

用了小宋师傅买的药，经过半年多的调理，刘二的头疮彻底痊愈了。他人前人后总说，宋师傅不光剃头手艺好，还会治病，我的头疮就是他给治好的。为了报答恩人，刘二夫妇让自己的独生儿子认宋师傅为干爹，从此两家走动频繁，关系甚是密切。

千行百业德为先。这是宋师傅从他师父那里传承的行规。从剃头摊开业那天起，他就尊德乐道，从善不已。

在我老家，有个剃"阴头"的习惯和风俗，入殓前都要剃头整容，表示对故人的尊重。然而，一般剃头师傅不愿接这种活，有的是胆子小不敢接，有的是怕沾晦气不愿接。宋师傅不管这些，总是有求必应，甚至主动上门去剃"阴头"。他说，人都有尊严，生来一世都不容易，故去那天让他体体面面上路，这也是剃头匠的一份责任。

生产队车把式老李头赶车进山给集体拉煤，回来的路上辕马受开山炮声惊吓，拉着一车煤向前狂奔。眼看要撞上一对荷锄下地劳作的夫妇，老李头用尽全身力气猛拉辕马笼头，强大的拉力迫使辕马猛地向左转弯，结果马车翻进路旁深沟中，老李头被死死压在车底。那对夫妇得救了，老李头却多处脏器严重破损，当场死亡。

宋师傅闻听此事，收拾好家什，第一时间赶赴李家，为老李头洗去满身煤泥，擦干头部血迹，一刀一刀为他剃了头，刮了胡子，剪了鼻毛、耳毛，又用粉红色扑粉擦拭面庞，犹如火葬场里的化妆师一样，把老李头打扮得整整洁洁，干干净净。老李头家人感动不已，一个劲磕头拜谢。

是啊，剃头本是早年乡间一个卑微的行当，宋师傅却把它看作是与农人心之相系、情之相融的十分神圣的职业，因而百般珍重，敬业有加。

人们都说，科班出身的宋师傅传承了他师父的剃头手艺，把活做到了极致，实在是不枉五年的学徒生涯。然而我要说，对师父的剃头手艺，宋师傅何止是传承，分明是丰富了、发展了。

我们那一带的婴儿出生，妈妈要用剪刀剪一撮胎毛留作纪念。百天之后，要剃"百日头"，说是剃了"百日头"头发才长得黑、长得旺。这个任务大都落在剃头匠的肩上。婴儿的头皮软，头发穞，听不懂大人话，哭闹不止，为他们剃"百日头"需要高超的技术和百般的耐心。为此，宋师傅优化了他师父剃"百日头"的技法，总结出了自己的一套经验：剃刀锋，动作轻，运刀准，勿急成。针对父母疼爱婴儿、盼望婴儿健康快乐成长的心情，他还给婴儿头顶或后枕部留下一撮毛，说是预示好养活；或在头上剃出个"帅"字、"王"字、"宝"字、"发"字等，预示长大后顶门立户、飞黄腾达、发财致富，讨得婴儿全家欢颜。

时光荏苒，从十五岁起，一把剃刀伴随着宋师傅走过了半个世纪，直到他眼花手抖了方才歇息下来。如今，每当在庵庙前大槐树下和一群老者喝茶聊天，看到留着奇形怪状头型的青年男女从眼前走过时，他越发感到自己的过往活计逐渐落伍了，心中不免感慨：时代变了，即使身体允许，也真的无法再干了呀……

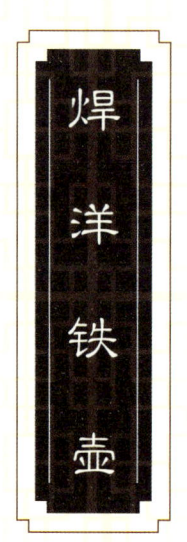

焊洋铁壶

早年,在我的家乡北京郊区农村,常见一些焊洋铁壶的手艺人。他们肩挑一副担子,手拿一只破铁壶,走东村串西村,边敲打手中的破铁壶边吆喝——焊洋铁壶哎。担子的一头是一个装工具和材料的木箱子,另一头是烧烙铁的小铁炉子。人们听到敲铁壶的响声和吆喝声,知道焊洋铁壶的手艺人来了,便拿出破旧的铁壶等家计请师傅修理。

洋铁,也就是薄铁板,是旧时北京人对黑白铁的俗称。薄铁板镀上锌叫白铁,不镀锌的薄铁板叫黑铁。按现在的工种分类,焊洋铁壶的行当属于钣金工范畴。

所谓焊洋铁壶，就是给用破了的铁壶换底或修理补漏。其实，这一行当不只是修理洋铁壶，还包括给钢种锅换底、修理补漏，给搪瓷脸盆、氽子换底补漏，外加做水舀子、铁皮烟筒、铁簸箕等。

焊洋铁壶的主要工艺是咬合、焊接。拿换壶底来说，把用破了的壶底用剪子剪掉，再用专用工具将壶身下沿向外向上翻起，大约一韭菜叶宽，然后剪一块直径比剪掉的壶底大一韭菜叶宽的铁板，同样从边沿向上向内翻一韭菜叶宽边，最后将壶底和做好的铁板两个翘起的部分紧紧咬合做实，一个壶底就换成了。铁壶、氽子、搪瓷脸盆等开焊了或破洞了，用烧热的烙铁蘸上镪水松香，把焊锡沿开焊处和用来补漏的铁板周围一一焊牢，器皿便可照常使用了。

我们村中庵庙前有棵老槐树，树高枝密，像一把偌大的旱伞，把头顶的阳光遮挡得严严实实，伞下大片阴凉处便是村里老人们纳凉、聊天的好去处，不少外来手艺人也在这里摆摊做生意，其中就有焊洋铁壶的临村高师傅，儿时，我们常到那里看他做活儿。

高师傅五十多岁，由于常年走街串巷劳作，黝黑的面庞比实际年龄显得苍老许多，尤其是他那双手，终日与铁器打交道，粗糙的手上爬满了一道道血口子。有的结了痂，有的仍渗着血，看上去着实让人害怕。

高师傅挑木箱子的担子那头，拴着几只新铁壶、水氽子和几只新钢种锅。他说这不是卖的，是供农人以旧换新用的。有的铁壶、钢种锅坏得厉害，实在不能修了，就作个价，给人家个新的，农家过日子能省就省点儿。他把这些破壶、破锅积攒起来，卖到废品站，里外都不吃亏，还为国家节约了资源。

没有不开张的油盐店。高师傅刚摆开摊子就来活儿了。来人是个少妇，看上去刚过门不久。她手里提个铁壶，请高师傅尽快给换个底，说是婆婆去她大姑姐家了，她把壶坐在炉子上烧水，忘了，水熬干了，壶底烧坏了，说不定婆婆哪天回来，发现壶坏了要挨数落的。

高师傅接过壶端详了一阵儿，讲好价钱，开始动手换壶底。他边干着手里的活儿，边对年轻少妇说："农家的煤火越烧越旺，坐壶烧水要估摸着时间，水开了要及时把壶挪开，不然水熬干了壶底就烧坏了。农家过日子不容易，一只壶要好几块钱，就算换个壶底能用也要花几毛钱。因为不经心造成损失，多不值啊！"

高师傅见新媳妇点头称是，接着说："我给你出个主意，兴许能防止水熬干烧坏壶底。一是把铁壶灌满水，这样水一开就溢了出来，水遇火发出响声，同时冒出股股蒸气，声响和蒸气同时告诉你水开了，赶紧去挪壶；二是饭前几分钟灌壶烧水，这样饭没吃完水就开了，不至于因屋内没人导致水熬干壶烧坏；三是在炉旁干活的时候坐壶烧水，这样人不离壶，随时掌握水温，水开即挪壶。"

"太好了，师傅的话我记住了。"少妇很是感动。

看热闹的孩子们不解：你教人家这些，不怕没了生意赚不到钱？

高师傅的回答充满哲理："没有用不坏的物件，铁壶也一样，我教她的是延长铁壶使用寿命，它总会要坏的，只不过晚些时日修理罢了。"

正说着，又来顾客了。这是一位五十多岁的农妇，我们都叫她刘婶。刘婶两只手各提一把铁壶，满面春风地来到大槐树下高师傅的摊前。

"都是你家的？"高师傅一边接壶一边问。

刘婶点点头，没有说话。

"这么不经心，连着烧坏两把壶，这么过日子可不行啊！"

见高师傅不高兴了，刘婶赶忙解释，道出了这两把壶的来历。

刘婶在我们那一带算是见过世面的农家妇女。前些年县城一位大干部的老婆生了一对龙凤胎儿女，乡下老家的双方父母都年纪大了，帮不上忙。大干部要在乡下找个有带孩子经验、干净利落的妇女帮忙，左挑又拣选中了刘婶。

远／去／的／老／行／当

高师傅五十多岁，由于常年走街串巷劳作，黝黑的面庞比实际年龄显得苍老许多，尤其是他那双手，终日与铁器打交道，粗糙的手上爬满了一道道血口子。

庄明正 绘

刘婶确实能干，不仅帮助雇主侍弄一对婴儿，还帮助收拾家务。快到春节了，刘婶想把雇主家彻底收拾一下，屋内屋外全面打扫。这天，她从储物间清理出一大批破瓶子烂罐子、破衣服旧鞋子，还有两只壶底变了形的洋铁壶。她问大干部的老婆这些东西还要不要，大干部的老婆告诉她，这些东西扔在那儿好几年了，早就该处理了，叫她把这些破烂儿背出去扔到垃圾堆里。刘婶告诉她，扔不得，这些用不着的旧东西可以卖钱。

刘婶把那些破烂儿直接背到了废品收购站。在那里，她把别的废品都卖了，只剩下那两只破铁壶。她仔细端详，觉得这两只壶只是壶底坏了，换个壶底照样能用。她便让收购站的老板为这两只破壶估了价。回到家，她在卖废品的钱里加进了收购站老板为两只破壶估的价钱，一并交给了大干部的老婆，自己留下了那两只旧壶。今天刘婶来修理的，就是从县城带回的那两只壶。

高师傅听了刘婶的叙述，伸出大拇指赞扬说："您可真是过日子的好手。就冲您这种勤俭节约的精神，冲您从县城带回生意给我，您这俩壶换底，我只收您一半的钱！"

叮叮当当一阵子，两只壶底换好了。高师傅告诉刘婶，这两只壶再用十年没问题。刘婶告诉高师傅，这两把壶自家用一只，另一只送给出了嫁的闺女，让她也知道庄稼人应该怎样过日子。

看热闹的孩童们似乎听懂了大人们谈话的意思，拍着小手一个劲儿地叫好。

前一阵子，庵庙门前的老槐树上贴了一张高师傅写的告示，告示旁还挂着一只换了底的铁壶。告示上面写道：一花甲大娘在我处修铁壶一只，多日不见老人来取，请知情者转告之。

事情是这样的：半个月前的一天上午，一大娘来修壶，说好下午来取，高师傅等到天黑也不见人影，便将修好的壶带回了家。第二天又把壶带来，边做活边等老人，还是没有等到老人来取。此后高师傅在家修房子，一连十天没有出摊。房子修好后，他又来到庙前出摊，一连又等了三天，还不见老人来取壶，于是贴了这张告示，连同那只壶一起挂在了树上。

又过了几天，一个少妇来到庵庙前，对高师傅说这只壶是她家的，是她丈夫看了告示和树上挂着的壶，确定壶是她家的，并把没取回修好的壶的原因详细说了一遍。

原来是这么回事：那位老太太是少妇的婆婆，半个月前来修壶时突然觉得心慌，把壶放下后就赶紧往回走，进家门就躺倒了，村里的赤脚医生说可能是心脏病发作，赶紧送县医院。谁知走到半路人就不行了。修壶的事婆婆没对家里人说，所以就没人来取这只壶。

高师傅听了，心里有些自责：如果那天自己不出摊，老人就不会出来修壶，兴许就不会犯病，兴许就……越想越觉得对不住老人。他对少妇说："壶你拿走，修理费我就不收了，老人走了，留个念想吧！"

老槐树上的壶没了，告示也揭了。然而，它给人们留下了难以磨灭的印迹：不失信于人，不藐视凡人小事，守时、守信、守承诺——焊洋铁壶的高师傅的品质和境界，实在是高啊！

棺材,也叫寿棺、老房,是装载逝者躯体的柜子。从上古至今,人们为了祭奠亡灵,表达对死者的怀念之情,让故去的人们到另一个世界享受荣华,把尸体装进棺材下葬,入土为安。

棺材有多种材质,有木质、铜质、水晶石质等。我国北方大都是木质棺材。木质也分多种,一般家庭用柳木、榆木做棺材。

棺材的外形奇特,前端大,后端小,呈梯形。所用的板材以斜面对靠,不用钉子钉,用鳔胶粘。成形后两个侧面和棺盖呈斜中带弧,从棺头正面看去，整个棺材像是一根半身儿圆木。

我小时候见过的棺材都是木头做的，从没见过铜棺和石棺。不过，一个关于石棺的故事让我记忆犹新。

我家乡西部是南北走向的太行山，是华北平原与黄土高原的分水岭。太行山上有两个山头，远看恰似两口棺材，一个头朝北，另一个头向南。我们那里的人都叫它南棺材山和北棺材山。传说这是包拯包大人的寿棺。包拯有个儿子，从小不听包拯的话，叫他向东，他偏要向西，叫他向西，他偏要向东。所以家乡流传一句歇后语：包拯的儿子——拧种。包拯临死前想要儿子给他用木棺送葬，又想到儿子向来和自己唱反调，如果直接提出用石棺送葬，儿子肯定会用木棺，于是就向儿子郑重提出他死后要用石棺下葬。这天，包拯真的死了。儿子想，我活这么大从没听过父亲的话，如今他死了，我无论如何也得顺从他一回，于是给他做了两口石棺。

虽然，包拯石棺的故事只是传说，但是我们那里盛传的棺材铺的故事可是千真万确。

邻村最北边有一户姓程的人家，因那里临近山脚，交通不便，没人愿意过去盖房，所以程姓人家随意扩大了"势力范围"，除盖了六间北正房外，还盖了东、西各六间敞棚，围墙中的空余院子还足有十丈见方，是村里有名的程家大院。

程家祖传都是木匠，到程小实这辈已经是第六代。程小实年方三十，他的父亲程老实已过花甲之年。父子俩传承祖业，经营这家百年棺材铺。

程家大院出售的棺材都是自己选材加工制作，活茬儿地道，价格合理，名扬方圆几十里。父子俩昼夜苦干，做出的棺材还常常供不应求。正像他们的名字一样，不管程老实还是程小实，"诚实"成了程家棺材铺的符号和品牌。有例佐证——

邻村一邓姓汉子来程家大院买棺材，把两个敞棚停放的六口棺材看了一遍，最后相中一口，正准备掏钱付款，程老实说话了："您非要买这口棺材的话,我给您打八折。"

邓汉子怔住了,赶忙问:"怎么,这是次品吗?看不出有什么毛病啊?"

"东西确是好东西,虽说一水儿的白茬儿,可外行人表面看不出来。你过来敲敲两个棺帮,听听声音是不是一样?"

邓汉子弯起食指轻轻敲击棺帮,一侧传来"咚咚"声,一侧传来"啪啪"声。邓汉子摆出不解的样子。

程老实把实情和盘托出:那天一大早,程老实外出采购木材,晚上擦黑了还没回来。程家儿子自己在家做棺材,父亲回来时,他已用鳔胶粘好了一副棺帮。程老实当时还夸儿子时间抓得紧,干得不错。谁知第二天程家爹仔细一看,发现了问题,其中一侧棺帮中间的那块板用错了料,材质与其他板不同,虽颜色相近,肉眼看不出区别,可质地软硬略有差异。

就为这,程家为邓汉子打了八折。

听了程家爹的介绍,邓汉子好一阵感动。他的感动不是因为棺材打了八折,而是感动程家棺材铺诚实、守信、本真。

末了,邓汉子真诚地对程家爹说:"今天我依旧按原价买你的棺材,不过只按八折付款,那两折的钱我带回去,请人写篇文章寄到报馆,我要给程家棺材铺扬扬名!"

还有这样一件事:一天程家父子正在家中忙活,忽听门外有车马响动。程家儿子推门出去看个究竟,与一花甲老者撞了个满怀。原来老者八十多岁的父亲过世,前来买口棺材。

程家父亲见来者与自己年龄相仿,亲自领着他挑选棺材。两个敞棚都看过了,所有棺材中竟没选中一口,问程家父亲还有没有更好的。

程家父亲心里琢磨:此人不像殷实之家,为何要买上上等寿材?想归想,来者是客,不可搪塞。于是,他把来者领到屋后一过道处,那里放着一口绝好的寿棺。那是本村一个富裕人家前些日子给他患急症的爹准备的,谁知经医院抢救,病人逐渐好转,暂时用不上了,就把棺材暂时存放在了

远/去/的/老/行/当

程家大院出售的棺材都是自己选材加工制作,活茬儿地道,价格合理,名扬方圆几十里。

庄明正 绘

程家棺材铺。

花甲老人看了这口棺材,心里着实满意。

程家父亲说:"老哥如果看中这口,您按我们那原买主给的价格先拉走,我再重新给他家做一口,您看如何?"

"那敢情好,谢谢您了!"花甲老人赶紧喊门外车把式把车顺过来装棺材。

一切停当之后,院中数钱付款。只见花甲老人解开上衣,从腰间取下一个包袱皮,打开,两摞现金一摞薄一摞厚,薄的那摞是整钱大票,厚的那摞是一角一角的零钱小票。老者递给程家父亲,让他亲自数,不够再添,富余退回。

程家父亲接过钱,见那些整钱码得整整齐齐,平平展展,那些零钱十张一沓,用红丝线捆着,摞起来足有两拃厚。看得出,老者给父亲准备这口棺材实在是倾其所能,算得上重死厚葬的典型孝子。他先把整钱数完,发现大体够那口棺材钱,只是差了点零头。于是程家父亲收了整钱,把那摞零钱如数递还给了老者。

"不对呀,还差几十块零钱呢?"老者说。

"就冲老哥这份孝心,零头免了。看来你攒这些钱不易,送葬那天还要花钱,这点零钱也许能派上用场……"

程家父亲的话还没说完,老者"哇"的一声大哭起来。哭罢,老人告诉程家父亲,他家住在半山腰,种着几亩山坡子地,打的粮食刚够全家的口粮,平时油盐酱醋、穿衣吃药等大小开销,全靠十几棵红果树。为了多卖几个钱,他跑到镇上偷学做糖葫芦。学会后每天晚上在家把糖葫芦做好,白天扛着插满糖葫芦的草捆下山叫卖。他知道家父年事已高,虽说经全家精心服侍,身体尚硬朗,可说不定哪天就倒下了。所以全家勒紧裤腰带,十几年的工夫攒了这口棺材钱。老者平静了一下情绪,不好意思地对程家父亲说:"不瞒您说,出殡办事的钱我还真没着落。既然老哥如此大慈大悲,那我就收下了。"说完，把那摞零钱捆好，装进包袱皮，重新系在腰间。

如此例证不胜枚举，足见程家棺材铺的为人之道、经营之道。

"对人以诚信，人不欺我；对事业诚信，事无不成。"这是"布衣将军"冯玉祥的一句名言。程家至诚至信开铺子做买卖，一路顺风顺水，逐年兴旺发达，成了全村有名的富裕户。

程家以棺材发家，着实让人垂涎三尺。这不，村南有个刘姓人家，原本靠收购、贩卖鸡蛋为业，看到村北程家做棺材、卖棺材发了家，便扔掉了本业，改行边做边卖棺材。他对老婆说："你娘家弟弟不也是木匠吗，虽说平时做盖房的大木件和装修活计，可做棺材也不外行，你爷爷奶奶的寿棺，不都是他做的吗？我在外面跑材料，把他请到咱家做棺材，你在家卖棺材，咱家靠大马路，进出方便，幌子一挂，人过便知，不愁没有买主。用不了几年，我们刘家也会成响当当的富裕户！"

一幅美丽的愿景，让刘家两口子兴奋不已。当晚，刘家媳妇炒了几个硬菜，烫了一壶酒，犒劳丈夫想出了发财的好点子，祈福美梦早日成真。

还别说，刘家小舅子做的棺材确实不赖，外观漂亮、养眼，完全按"棺不离八（尺）"，三（寸）五（寸）板材的长、厚标准做成，而且分朱红、墨黑两种颜色上漆。棺头正面写有金色大字"安乐宫"或"寿"，两侧棺帮画金龙戏珠，棺尾画山水青松暗影，"寿比南山"四个大字居中。棺内底糊金色锡箔纸，其余部分糊闪光银色纸，正符合"铺金盖银"的习俗。整个寿棺看上去层次分明，绚丽豪华。款式新颖的寿棺吸引了南来北往的客人驻足，开张第一天就卖出去两口，一天所得比倒腾鸡蛋半年的收入还多，喜得刘家两口子出门进门哼小曲儿。

俗话说乐极生悲。就在刘家憧憬着如意美梦时，一个突发事件结束了刘家棺材铺的短暂历史。

这天早饭后，刘家门前聚了一堆人，其中一长者指着刚从车上抬下的一口棺材说："请老少爷们儿看看，这刘家棺材铺做的是什么买卖，看看漂漂亮亮，富丽堂皇，大家上眼，看这是用的什么料！"老者搬开棺盖，一把将里边糊的纸撕了下来，露出黑乎乎的棺木。

"这哪里是寿材，纯粹是煤矿上替换下来的窑木，要么就是沥青浸泡过的铁路枕木！"

"死者为大，如此欺骗、糊弄先人，天理不容！"

周围的人议论纷纷。

真让人们说准了，刘家棺材铺的用料确是枕木和窑木。

早年间，日本人发现附近山上储有丰富的铜矿，为了开采出来直接运回本国，决定修一条铁路，枕木还没铺完，日本战败投降了，没修完的铁路也就废弃了。附近村民看到枕木躺在那里没人管，日晒雨淋，时间长了有的已经糟朽，便你家三根、他家五根地搬走了，有的用来建猪窝，有的用来盖煤棚。刘家棺材铺便低价从农户手中收购那些还没派上用场的枕木，拉回家做棺材。至于窑木，在当地多得很，附近的煤矿巷道里的支柱不断更新，刘家买通看摊人，仨瓜俩枣买回做棺材。虽说枕木、窑木都是优质木材，但是路上风吹雨打，井下重压水浸，时间久了，变糟变软，再加上本身黑乎乎，实在不是做棺材的料。刘家怕被买主识破，不敢像程家那样做白茬儿棺材卖，所以做了里外"精装修"，自觉天衣无缝，还是被人揭穿了。

想要人不知，除非己莫为。那位长者退了劣质棺材，如数拿回了现金，转身交给了村北程家棺材铺，从那里拉回一口货真价实的棺材。

结果可想而知，刘家棺材铺倒闭了，重操起贩卖鸡蛋的买卖。可以预料，刘家人这种做买卖的心态不变，鸡蛋买卖也不会做好做长久。而程家棺材铺依旧买卖兴旺，越做越红火，在县里举办的"诚信服务行当"评比中，拔了头筹，上了报纸。

再后来，程家棺材铺也偃旗息鼓、关门闭户了。那是因为随着时代发展了，不提倡土葬了。程老实举双手响应政府号召，还在村里第一个提出死后火葬，不留骨灰……

棺罩,死人出丧时用以遮蔽棺材之物。竹木作架,外蒙绸缎布帘。

千百年来,人们观念陈旧,"送死重于奉生",人死后不仅要入殓入棺,还要享受最后一次荣耀与排场——用罩遮棺。

用罩遮棺送葬程序是这样的:死者家人提前到棺罩坊预订,讲明死者是男是女,几日出殡下葬。棺罩坊先生将棺罩组装好,提前放置在死者家门前,俗称"亮罩"。待死者家人看过之后再拆开卸下。出殡那天,把棺罩放置在两块托板上,从上向下垂直罩在棺材上,放下罩帘,外面人看不到棺材。出殡时，二十四个人将棺罩连同棺材一起抬向墓地，待棺材入坑，棺罩就算完成了任务，送葬人将棺罩抬回棺罩坊，等待下一个用户租用。

邻村有家棺材铺，每月都卖出十几口棺材，可谓生意兴隆。对门赵先生见棺材铺卖棺材发了家，从中看到商机。心想，棺材棺罩，同气连枝，一般情况下用棺材就要用棺罩，棺材卖得好，棺罩也差不了，为何不开个棺罩坊旺家呢？

几经筹措，两顶棺罩装修完毕：竹木框架轻便柔和，刺绣大红绸缎的罩帘，抛光铜球镶嵌在罩顶。男用棺罩的前后沿上雕"飞龙穿云"，女用棺罩的前后沿上雕"金凤展翅"，均用名贵黄花梨木雕刻而成。

赵家此两顶棺罩，其形其色，其质其势，在当地可谓举世无双，无可匹敌。凭此优势，再借助对门棺材铺的旺气，棺罩坊生意火爆，着实让人垂涎。

赵家棺罩坊的第一单生意是为村里刘家奶奶送葬。

刘家奶奶寿终九十高龄，生前在村里德高望重。刘奶奶年轻时村里没有医生，村民有个大病小灾要跑镇上寻医。妇女们生孩子也要到镇上去生，或把医生请到家里来接生，不方便不说，还时常因时间延误而耽误事。据有心人统计，因来不及赶到镇上就医或因医生晚到一步，十几年间上百名新生儿刚出生便夭折，还有十几名产妇因难产大出血而毙命。那时刚刚嫁到刘家、不满二十岁的刘奶奶想到自己日后生孩子的情景，有些不寒而栗。于是，她说服丈夫和公婆，自费到县医院学习助产技术。半年后，成了村里有史以来第一位"接生婆"。

自打刘奶奶当了接生婆，村里再没有死过一个新生儿和产妇。不论春冬秋夏，不管刮风下雨，不分白天黑夜，只要有人来找，她抬起脚就走。村里有几个孕妇、预产期是何日，她心中都有数，有时产妇家人还没上门来请，她已经提前赶到。她说："生孩子是个急茬儿，人命关天，耽误不得、马虎不得啊！"

是啊，刘奶奶为村里媳妇们接生，那可是尽心尽力，废寝忘食。赵师傅小孙子七岁了，七年前那个雨夜，他至今记忆犹新。

那天夜里子时刚过，屋外电闪雷鸣，大雨滂沱，赵师傅儿媳临产，肚子剧痛。赵师傅把已年近古稀的刘奶奶背到家里给儿媳接生。刘奶奶到家一看，各种体征显示产妇胎位不正，很可能难产。刘奶奶不敢怠慢，催促赵师傅立即送县医院。

雨夜路滑，马车每前进一步都要付出极大的努力。刘奶奶坐在车上，一手打伞，一手把孕妇搂在怀里，不时询问孕妇的情况，鼓励她坚持着。一家老少推车的推车，带路的带路，两个小时后终于赶到了县医院。

经急诊检查，产妇确属难产。产科值班医生立即通知其他医护人员到场，及时给予剖腹产手术，最终母子平安。

就为刘奶奶的恩情，赵师傅全家商议免费为刘家提供棺罩服务，并且赵家所有男人亲自参与抬棺送葬。

赵师傅一家免费为刘家提供棺罩服务，没想到也给自己免费做了一次广告宣传。由于刘奶奶德高望重，送葬那天，不仅本村老少出动，就连附近几个村子的人也前来送老人最后一程，人们第一次见到如此华丽大气、庄重讲究的棺罩，顿时议论纷纷：我家老人百年之后，也雇赵家棺罩风光风光……

自此，赵家的生意相当火爆，两顶棺罩常常是被同时外租，很少时间在家待客。然而不论生意多火，赵师傅始终坚持四个一样：外村的与本村的租费一样；墓地远的和墓地近的租费一样；名人、干部与普通百姓租费一样；一年四季与好天、坏天租费一样。他说：人一生只用一次棺罩，死者为大，活着的人在死人身上打小九九是要遭报应的。

邻村一姜姓老人过世，租用赵师傅棺罩送葬。没想到送葬队伍刚出村就下起了瓢泼大雨，棺材入土后，棺罩沾满了泥土。姜家主人把湿漉漉、满是黄泥的棺罩还给赵家时，不好意思地多给加了些租费，说："家里还

赵家此两顶棺罩,
其形其色,
其质其势,
在当地可谓举世无双,
无可匹敌。

远/去/的/老/行/当

庄明正 绘

有一大堆杂事，麻烦您老自己洗吧。"赵师傅收下棺罩，温和地对姜家主人说："赶上雨天送葬，说明老人家德重仁义，感动得老天都为他落泪。租金嘛，按原价收，多一分我也不能要。"在赵师傅的坚持下，姜家主人按原价交了租金，含泪走了。这泪，是失去老父的痛所引，也是赵师傅的义所致。

其实，赵家棺罩坊所坚守的"四个一样"，是对外的普遍原则。在他的心里，还有另外一本账，那就是：对军烈属、孤寡老人、五保户免费提供棺罩服务。他说，有军烈属的无私奉献才有今天国家的安宁和百姓的好日子；孤寡老人、五保户是弱者，他们孤立无援，本应得到关怀和照顾，我们对这些家庭、这些人多关照一些，也是给国家减轻点负担，何乐而不为呢？

赵师傅有个小本子，上面记录着全村军烈属、孤寡老人、五保户的名字、年龄、性别、身体状况，一有情况，他第一个赶到帮助处理。村里李姓军属长子在南海服役，八十多岁的老父亲病故，部队批假叫儿子回家料理后事。由于路途遥远，儿子七天后才赶到家。赵家棺罩在李家门前"亮罩"七天，其间推掉三单生意。李家儿子得知情况后感动万分，专程到赵家拜谢，并送去租金。赵师傅死活不肯收钱，说："你舍生忘死保家卫国，要说谢，我应该谢你，谢你全家。再说，为军烈属免费提供棺罩服务，是我们全家的承诺，这规矩破坏不得！"

赵家棺罩坊德惠四邻，声名远扬。然而，在村里村外的人群中，也有怨赵家、恨赵家、骂赵家的。最典型的要数邻村孙拐子。

孙拐子五十几岁，早年靠开黑煤窑发家。自打政府关闭黑煤窑后，他纠集当初收买的一些狐朋狗友，盯上了当地那片集贸市场，以为商户提供保护为名，横征暴敛，欺行霸市，在当地积怨深重。为防不测，他家养了五条恶犬，为其看家护院。

这年春上，不知是染病还是衰老，一条黄犬突然死去。

狗仗人势，人为狗悲。孙拐子一家为黄狗痛哭了两天一夜。这天，孙拐子找到赵师傅，租他的棺罩为亡犬送葬。

赵师傅听说为狗租棺罩送葬，十分不悦。心想，棺罩也算作奢侈品，是后辈尊崇、孝敬亡者的送葬用品，尽管如此，多少孝子贤孙因生活拮据用不起棺罩。而孙拐子凭着有几个肮脏钱胡乱挥霍，竟然用棺罩为狗送葬，这分明是对我赵家棺罩坊的侮辱，是对广大百姓的侮辱。于是，他义正词严地谢绝了孙拐子。

"我如数给钱不行吗？"孙拐子说。

"不要说如数给钱，就是加倍给钱也不行。"赵师傅分毫不让。

"为什么？你傻呀？"

"不是我傻，是你欺人太甚。我家棺罩是送老者亡灵最后一程，你仗着有钱用它为狗送葬，这不是欺人太甚是什么？"赵师傅说完，"咣当"一声把门关上了。

赵师傅的话语和他关门谢客的行为惹恼了孙拐子。当天夜里，赵师傅家放置棺罩的栅子失火了，棺罩架和罩帘等一干用具均付之一炬。

赵师傅报了案。警方经过缜密侦查，确定孙拐子为犯罪嫌疑人。经法院公开审理，孙拐子被判刑入狱。

纵火报复的人得到了应有的处置，赵师傅雪了心头之痛。然而，正当他筹措资金，准备重新购置棺罩重新开张时，传来了最新指示，国家实行殡葬改革，推行火葬。对门棺材铺积极响应，摘了牌，关门，停业。

棺材没人用了，罩棺材的棺罩自然也就没了市场，赵师傅不得不改弦更张了。不过，赵家棺罩坊多年来惠泽百姓的善举，人们牢记在心，至今口口相传，津津乐道。

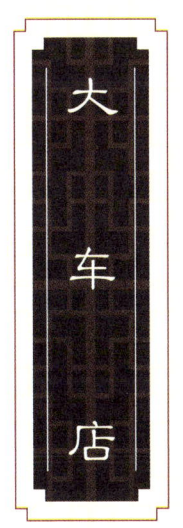

大车店,也叫骡马店、骆驼店,起源于清末民初,为民间旅舍,大都设置于交通要道和乡镇边缘,为过往行商散客提供简单食宿,费用极其低廉。

20世纪50年代,我在离家六公里的镇中学读初中,往返路上经过一大车店。因掌柜的姓康名聚宝,故此大车店名号"聚宝客栈"。

聚宝客栈坐北朝南,豁大宽敞,整个院子足有五亩地大。靠北墙从东到西一排房子共二十四间,四间一组,共分六组,每组都是通透大铺,能睡四十人。大车店房子较一般民房跨度大，木质结构，干打垒墙体，秋秸秆封顶，麻刀泥抹平。屋内一长条木桌、一长条板凳，几只高丽土泥盆，几条汗布毛巾，几块胰子。

靠东墙从南到北有六间土坯房，其中三间是掌柜的宿舍和办公用房，另三间是厨师、更夫等一干工作人员的宿舍。靠西墙从南到北有四间敞棚，供来往客商临时存放东西之用。最南端是三间厕所和一间狗舍。狗舍内拴养三条烈性大犬。

客栈南大门由胳膊粗的圆木钉成两扇，每扇门中间拴一皮球大小的铜铃铛，早开晚闭。门两旁各竖一五丈高的木杆，木杆上各挂一木质圆桶状幌子，圆桶下缀一圈红色绸布条，微风拂煦，彩绸飘逸，好不耀眼。旧时人们很少识字，只认幌子。幌子随大门开闭，早挂晚摘。

聚宝客栈是康聚宝二十岁时从他父亲手中接过来的，掐指算来是客栈的第三任掌柜。他父亲掌管客栈时还没有响亮名字，就叫康家大车店。那时大车店是男女混住，女客都睡在通铺一角，夜间挂个布帘、发个尿盆就算是特殊待遇。因为男女混住终究不便，康聚宝接手后把一组宿舍改为四个单间，两个单间为女宾宿舍，另两间改为雅间，供有点来头的客商享用。

除了给行商散客提供住宿外，聚宝客栈还提供饭食，主要是窝头大饼子，炖土豆、萝卜、大白菜。自带干粮者店里给热饭，另送一碟咸菜一壶开水。马匹、骆驼等牲畜卸重后拴入木桩，供应相应的草料。住宿费、饭食费、草料费加起来并不贵，一般客商都能承受。

南大门外，一条东西大道笔直宽阔，虽是砂石铺成，倒也平坦干净。大路东通县城、市区，西通山西太原府，南通河北保定府。客栈北部背靠太行山支脉，徒步四华里便进山，山中煤窑、灰厂、铜矿、铁矿星罗棋布，山果、药材、蘑菇、野菜应有尽有，还有十几种珍贵木材。

便利的交通和丰富的物产，引得县内外、市内外乃至大半个中国的客商前来交易，聚宝客栈几乎天天客满爆棚。

据康掌柜讲，几十年来，到康家大车店住宿的大体上有七种人：一种是跑江湖的，比如摇卦算命、卖野药的，说书唱戏的，打把式或卖艺的；第二种是小商小贩，比如锔盆、锔碗的，锢漏锅的，倒卖兽皮、药材、山果等土特产的；第三种是杂耍、乞丐，如耍猴的、变戏法儿的、叫花子、化缘的；第四种是拖儿带女寻医讨药的；第五种是打官司告状的；第六种是黑白两道的人，比如官府的探子、地方土匪等；第七种是马车夫、骆驼板儿，这是大宗，他们运输煤、灰、矿石、山货下山，到外地交易。

复杂的人群往来，不同的人群相遇，给大车店的管理带来了极大的难度，需要掌柜的掌握政府政策，通晓各地习俗，了解物价行情，善于沟通调停。可以这样说，大车店掌柜的就是三国里的诸葛、红楼里的凤姐，多智多谋，手眼通天，八面玲珑，左右逢源，遇事能担当敢负责、巧处理善调解。好在康聚宝掌柜传承了父辈的基因，学得了父辈的丰富经验，又读过几年书，在客栈管理上"青胜于蓝"，赢得客商交口称赞。

"七七"卢沟桥事变后，日本帝国主义铁蹄向京西房山大举践踏。这天傍晚，店内大槐树上的几只黑乌鸦叫个不停，康掌柜的感觉不妙，准备提早关门谢客。正想着，随着几声枪响，一个八路军小交通员气喘吁吁跑进大车店。康掌柜听到枪响，赶忙冲出宿舍想看个究竟，与八路军小交通员撞了个满怀。小交通员说明自己前往县城八路军分部送情报，遭遇日本兵追杀，情急之下来客栈躲避。康掌柜自知店内鱼龙混杂，十分危险，急忙将小交通员推进自己房舍。

此时，掌柜的老婆正给五岁的儿子铺炕准备睡觉，听掌柜的说明情况后，一把将小交通员拉进被窝搂在自己怀里。

掌柜的明白老婆的意图，正想夸奖几句，门外响起了日本人急促的敲门声。康掌柜将门打开，五个日本兵端着枪冲了进来。一个高个子日本兵问："八路军交通员的有？"康掌柜回答："我们这儿有拉骆驼、赶马车的，还有打板儿、算卦、耍猴的，就是没有八路，也没有什么'叫通远'的。"

"躺着的是什么人?"鬼子又问。

"我老婆和我儿子。"掌柜的回答。

日本人听后退了出去。刚走到院中央,一个鬼头鬼脑的家伙从厕所出来,急忙凑到高个子日本兵跟前耳语。不知说了什么,日本兵立即返回屋子,用刺刀挑开被子。掌柜的老婆正一左一右搂着两个赤条条的男孩儿睡觉。

"你几个儿子,今年几岁?"大个子日本兵问。

"一个,五岁。"康掌柜的回答。

"那个大孩子是谁?"

大车店的掌柜的,既要掌握政府政策,通晓各地习俗,还要了解物价行情,善于沟通调停。

远/去/的/老/行/当

李云峰　绘

"内侄,老婆的侄子,今天中午刚从老家来看他姑,也就是我老婆,小孩子跑了十多里山路,累得感冒了,发高烧,刚吃了药,您摸摸他的头,可烫了。"

日本人真的用手摸了摸孩子的头,的确湿湿的,烫烫的,信了,走了。

八路军小交通员在康掌柜夫妇机智掩护下安全脱险,圆满完成了任务。第二天报纸刊出消息:交通员巧送鸡毛信,八路军夜袭敌人窝。

聚宝客栈服务收钱,做的是买卖。然而康掌柜秉持温馨服务、周到服务和以情管理的原则,从而化解了一个个矛盾,涌现出一桩桩"将相和"。

一批晋商运了十三辆马车食盐进京销售，傍晚入住聚宝客栈，十一辆车已在院中停当，还有两辆找不到车位。车把式见靠西墙有十辆马车停放间隙较大，于是十几个人肩扛手抬，把十辆车间隙缩小，腾出一块地方把剩余的两辆车插了进去。

那十辆马车是冀商来此运煤，计划今夜子时过后出发赶回保定府。其中一把式起夜，见一伙人动他们的车，上前理论起来。晋商自知理亏，态度谦和。来者却不依不饶，非叫晋商把冀商马车重新散开。晋商不从，双方越说越僵，竟大吵了起来。

屋内酣睡中的冀商被吵醒，起身出门见十几名陌生人与朋友争吵，转身回屋抄起顶门杠等家伙冲了过去。

眼看一场打斗就要发生。正在吃夜宵的康掌柜扔下筷子冲了出去，站在两群人中间，劝大家先回去休息，两手各牵着一方的"头儿"进了自己的房间，吩咐老婆再加两个菜，三人喝了起来。

三杯酒下肚，康掌柜说话了："你刘把头是我晋商中最好的朋友，你李把头是我冀商中最好的朋友。你们光顾我聚宝客栈，是我康某三生有幸。我看不得我的朋友棍棒相见，万一失手，惹了官司不说，还要破财误生意，多不合算。二位老哥兴许听说过，远的有'昭君出塞'的故事，近的有'七尺巷'的故事。这些故事说明什么？说明谦让、包容、和为贵。古人说得好，不能胜寸心，安能胜苍穹？何必为个车位大动干戈？出门在外，餐风饮露，本来就够苦的了，何必自己给自己再找苦吃呢？都是买卖人，还是以礼相待、和睦相处的好啊！"

康掌柜这席话如丝丝春雨滴入二位把头的心田：刘把头说不该不通禀一声就动冀商的车；李把头说不该让晋商已经挪紧了的马车再散开。为此，两位客商互敬了一杯酒，表示互谅互让，不计前嫌；同时又敬了康掌柜一杯酒，表示永记教诲，宽厚做人。

是夜，冀商怕影响宾客休息，慢起床，轻套车，缓缓起程。晋商追出大门，送去一包运城盐湖的高档食盐，请诸朋友品尝。冀商答应，回到保定广泛宣传，让运城食盐落户冀中平原。

就这样，又一桩"将相和"的故事告一段落。

这一日，聚宝客栈住进一对母子。母亲四十多岁，家庭妇女，大字不识。儿子九岁半，正读村中初小。

儿子五岁时不明原因地右眼红肿，半年后眼底一肉瘤外突，一年后肉瘤将眼球顶起，形成两寸长的肉柱，眼睛在肉柱顶端，可左右转动，猛一见煞是吓人。当地医生断不出病因，拿不出疗法。因家中贫寒，孩子父亲放弃了治疗。孩子母亲不死心，领着孩子偷偷离家，一路乞讨赶到聚宝客栈暂息，来日再赶赴京城求医。

这对母子刚住下，消息灵通的"沈半仙"便来到母子跟前。

沈半仙乃一乡野游医，五十多岁，着一身灰色长袍，头戴一棕色毡帽，自称能解易经八卦，通晓诸葛神数，熟悉阴阳大全，靠三寸不烂之舌装神弄鬼，扬言能给人消灾驱魔，骗得几个钱财。

今日沈半仙遇见外埠母子，佯装同情、怜悯，先是"仔细"把脉，而后戴上花镜将孩子眼睛上下左右看个究竟，接着取出一圆筒，里面装有六十四根竹签。他先摇了摇，然后叫小孩随意取出一根竹签。沈半仙接过签子对母亲说："你孩子的病有没有治，全在这个签上。如果是上上签，那你们不用再往前行，回家调养，不出百日病可痊愈。如果是下下签，那要找贵人点拨，孩子病方可康复。"

"请先生看签吧，我母子听天由命。"孩子母亲无奈地说。

"不好，你儿子抽的是下下签！"沈半仙把签子举给孩子母亲，解释说，"你看，这签上写道，'大海悠悠，孤舟浪头，贵人三渡，方能搭救'，说明你母子独来独往，无扶无助，如一叶扁舟，大海漂游。可喜的是，偏偏有一贵人可以搭救你出苦海。这个'三渡'，就是说贵人名字中的三个字都带水，请多留意便是。"

沈半仙解完卦签，背起稍马子就要离开。孩子母亲正要起身相送，孩子突见先生稍马子上写"沈江湖"三个字，立即对妈妈说："先生的名字三个字都带水，先生就是我们的贵人！"孩子母亲听罢，立即追出去喊住了先生。

沈半仙听得孩子母亲说明情况，猛地一拍脑袋说："看我真的糊涂了，我沈江湖三字不就都带水吗？好好好，待我算算，给你们深度破解一番。"说着，他伸出右手，大拇指顺着其余四指关节依次前移，口中不知嘟噜着什么。片刻，他煞有介事地说："好了，我知道你孩子的病因了。卦象说，乾是天门莫作坑，亥、壬、戌位损生灵，卯、酉主孤寡，乾坑主后生。你不该在院子里挖坑呀！"

"我们没挖坑，孩子爸只在墙角挖了个厕所。"孩子妈解释说。

"问题就在这里，你老头挖厕所动了龙脉，坑向下，所以你儿子肉瘤向上长。"

"有没有法子破？"

"当然有。不过要看你有没有诚意。"沈半仙一边说一边用手比画着数钱的样子。

就在这个时候，康掌柜闯了进来，指着沈半仙狠狠地说："我在门外听了半天，你不要胡咧咧了，孩子病成这样，母子一路讨饭来到这里，够可怜的了，你还要骗她钱财，亏心不！"说完，他转向孩子妈："听我的，明天进城到医院看病，在我这里的住宿费、饭费我一分不要了。你想想，农村过日子谁家不挖厕所？哪有什么龙脉？他又是把脉又是抽签，全是装样子，是个卖野药骗人的家伙，千万不能信他呀！"

不知什么时候，沈半仙心虚溜走了。孩子妈拉着儿子跪在康掌柜跟前，一个劲儿磕头谢恩。

康掌柜扶起母子，往孩子妈衣兜里塞了些东西后，抹着泪离去了。

夙夜相继，日月轮回。转眼到了20世纪50年代末，国家实行公私合营，经营了近百年的康家大车店也不例外，国家注入了公股，县上派干部到聚宝客栈负责经营管理。

康掌柜年过花甲，告老还乡尽享天伦之乐去了。然而，他和他的父辈对当地经济的发展所起的促进作用，对万千过往宾客的关爱与照顾，在众多人们的心中依然留下深刻的记忆。

就在我深入采访，准备记述康家大车店点滴的时候，其第三代掌柜康聚宝驾鹤西归了。乡里专门为他召开了追悼会。那天，市、县、乡、村四级有关领导都来了，不少晋商、冀商的后代来了，就连当年那个八路军小交通员、那个患眼疾早已痊愈的小男孩也来了。追悼会在当年康家大车店的遗址、如今向阳红大酒店的前大厅举行。人们看到，康聚宝遗像两旁的挽联上赫然写道：

迎送宾客万千献身客栈，

播撒爱心无限光照幽燕。

快刀铡草

"快刀铡草！快刀铡草……"

清晨，人们还在睡梦中，街上就响起吆喝声。这声音有点粗，有点嘶哑，有点颠抖，夹着晨雾，裹着露珠，由远而近，飘然而至。

那是我儿时的记忆。

我的家乡有一种行当叫"铡草客"。铡草客一般俩人一组，一人入草，一人摁刀，专门为养大牲畜的主人铡草，像谷子秆、玉米秆、麦秸秆等，主人按天数或草的重量付给铡草客工钱。

铡草客只带两件工具：一把铡刀，一个搂子。搂子很简单，一根两尺长、擀面杖粗的木棒，一头套上个铁钩子，镰刀状，铁钩子圆而尖，用来向怀里揽草。相比之下铡刀结构复杂了些。它由两部分组成：一块中间挖槽的木料，一把带有木柄的铁质长片刀。刀入槽，与无柄的一端固定。铡草时，一人坐短凳上把草送进木槽上，另一人站立握刀柄向下用力，草便齐刷刷地被切断了。

铡刀作为一种生产工具，历史上大量记载出现在元朝。相传，北宋时期著名的铁匠韩蕲在河南开封商朝太庙遗址得了"龙牙、虎翼、犬神"三大邪刀碎片，带回与宫廷铸剑师合力打造，耗时一年零八天，铸成"降龙、伏虎、斩犬"三口铡刀，这就是赫赫有名的包青天"龙头、虎头、狗头"三铡刀。

那时常到我们村给人铡草的师傅是李姓父子俩，据说是我们村以南三十里的赵庄人。父亲五十多岁，宽宽的脸庞黑里透红，一条卷起的羊肚手巾套在光秃秃的头上，一身青布衣被一根麻绳系得紧紧的，腰间别一个长杆铜锅烟袋，身背一薄被卷，被卷上挂一块二尺见方的薄木板，木板上方并排画有马头、驴头、牛头，下方一行朱红大字分外显眼："吃了我铡的草，一口一层膘。"儿子二十刚出头，浓眉大眼，梳着分头，一身蓝布衣裤，右肩左斜背一口铡刀，上边绑着一把搂子，手拿一顶家做的瓜皮帽边走边扇风。

父子俩从家里一出来就是几个月，走村串户为人铡草，走哪儿住哪儿，年根儿才回家。

我们老家秋收后，大都在离家近的地块儿上临时轧一片地，留作打粮用，叫"谷场"或"麦场"。地多、家庭条件好的谷场麦场是永久性的，还在场边盖一间简易土坯房，人们叫"场房"，专门存放杈、耙、锨、锹、扫帚等家什。铡草父子夜里随便找个场房睡下，场房主人一般不会计较，只是叮嘱几句别失火什么的。

别看铡草父子是干粗活的人,却聪明得出奇,尤其是那个老者,天文地理无所不知,古往今来无所不晓。我们小学校的孟老师高中毕业,在乡亲们的眼中就是诸葛,可与这对铡草客比,也算是小儿科。

好天气,铡草父子给人铡草,主人家吃,场房里睡,早出晚归。遇到雨天,父子俩只能待在场房里。每逢这时,我们那些小伙伴们跑到场房听铡草客谈天说地。真的领教了,这父子俩的确是聪慧的一对、神奇的一双。

这天,我们刚进场房,那个少爷就问我:"怎么,东边有卖炸油饼的?"

"那是张家爷爷奶奶,没有后生,靠摆摊炸油饼过活。你怎么知道?"

"这会刮东风呀,要刮西风我就不知道啦。"

我正纳闷儿炸油饼与风有什么关系,少爷指着二柱子问:"你排行老二,上边有个姐姐,对吗?"

"我叫二柱子,自然排行老二。那你怎么知道我有个姐姐呀?"二柱子反问。

"你穿的衣服告诉我了呀!"

我侧脸一看,原来二柱子穿了一件又肥又大的粉底碎花夹袄。好聪明的家伙!我打心眼儿里折服了。

其实,小伙子的聪明完全传承了他父亲的基因。说起小伙子父亲的聪慧、灵光劲儿,十里八村没有不知道的。有例佐证——

谷子和黍子,很多人难分清楚,小伙子父亲却能说出四同、六不同:同样是一年生草本作物;都耐旱;都含有丰富的蛋白质和多种维生素;都有药用价值。但不同的是谷子秸秆粗壮,黍子秸秆纤细;谷子秸秆长细毛,黍子秸秆光滑;谷子叶片狭长呈披针形,黍子叶片细长而尖;谷穗抱紧呈圆柱状,黍穗分散呈笤帚状;谷子粒小,黍子粒大;谷子无糯性,黍子有糯性。

分出谷黍同异,对农村人来说不足为奇,若分出农村人不常见的牡丹和芍药,那才是真功夫,小伙子父亲就有这本事。他说,牡丹叶子宽厚,

远/去/的/老/行/当

铡草师傅说,
不管什么草种,
铡出来要匀称干净,
无土无渣。
这样的草拌上麸子,
甜滋滋香喷喷,
牲畜吃了不长膘才怪呢。

庄明正 绘

芍药叶子狭长单薄；牡丹花开独朵，芍药花开多朵；牡丹完全顶生花，芍药也有腋生花；牡丹谷雨前后开花，芍药立夏前后开花。

铡草师傅对农业方面的知识知之甚广，就连深奥的天时万物、历史典故、时事政要等，也都略知一二。他说，"春雨惊春清谷天"这首脍炙人口的节气歌，早在淮南王刘安在建元二年（公元前139年）献给汉武帝的《淮南子》中，就已经有了记载。他还说，古代历法的岁首多有不同，夏商古历以秋分作为年终，霜降成为一年气首，而汉武帝太初改历，立春被定为一年中的第一个节气，也就是今天人们熟悉的二十四节气的排序。

"你们房山人杰地灵，知道为什么吗？"铡草老者煞有介事地说，大唐和尚玄奘从西域取回真经，一半留在了陕西西安大雁塔，一半留在了房山云居寺藏经洞，这是史书上早有记载的。但是，许多人不知道，最早去西天取经的不是唐僧。从三国到东晋、西晋、南北朝，离开东土到西天取经的有一百七十人，全身而归的只有四十三人，大部分死在了路上。

铡草客还给我们讲了《隋唐演义》中的罗成、南宋精忠报国的岳飞、明朝抗倭的戚继光……

这些千奇百怪的知识、有声有色的故事，像一块块磁铁一样，把我们这些孩童紧紧地吸引了，甚至忘了回家吃饭，直听到母亲满街呼唤乳名，才恋恋不舍地离去，临走时不忘说一句"吃完饭回来接着听"。

"土改"时，我父亲什么也没要，只搬回一口铡刀。农耕需要，后又买进一头毛驴。供养一头毛驴每年需要不少草料。开始，父亲想自己铡草，试了几次不成，方知这活计也有技术，便把铡草父子请到家帮忙。说是请师傅铡草，实则拜师学艺。

铡草父子俩毫不保留，一边演示，一边讲解要领：入料者注意料的品种，光铡谷秸秆好办，若与桦秸（轧过的麦秸）混铡，要注意先把桦秸裹在谷秸秆内，因桦秸光滑，易外散；入料时双手掐紧，有节奏前送；讲究稳、准，掌握尺寸，力求一刀一寸，长短一致；每次入料量要适度，多了铡不透,欲速则不达。握刀者高抬刀、速摁下,讲究巧、猛、脆,一步到位。

铡草师傅说,不管什么草种,铡出来要匀称干净,无土无渣。这样的草拌上麸子,甜滋滋香喷喷,牲畜吃了不长膘才怪呢。

父亲和哥哥按照铡草师傅讲的要领一试,果然铡出的草不一样了,整齐,干净,漂亮,别说牲畜爱吃,人看了都喜兴。从那以后,我家都是自己铡草,再没请过铡草师傅。

说来也怪,那么灵光的铡草师傅,竟蹚了一洼浑水,卷入村里两家关于一棵树的官司。

村东刘家和李家比邻而居,房与房中间有一棵盈尺粗的老榆树,两家主人还不记事时就有这棵树。刘家近期准备翻盖房,要伐这棵树。李家说这树是他家的,躺在树下不让伐。相持不下,两家打到了村委会。村长也闹不清树到底是刘家栽的还是李家种的,无法做出公正裁决,到我家向我父亲讨教。我父亲知道这两家人性不济,不想介入蹚浑水。正想回绝村长,在一旁的铡草师傅说话了:"这有什么难的,我出一招,准保两家都满意。"

第二天,村长派了六名村民和一辆马车,来到刘、李两家门前,三下五除二把树伐倒拉到了村委会大院。当晚,村长把刘、李两家主人叫到村委会说,村里出了六个工、一辆马车,合计工钱三百元整。你俩商量一下,谁要这棵树谁掏三百元伐树工钱。听了村长的话,刘、李两家主人心里盘算,这棵树满打满算值不了二百元钱,花三百元工钱落棵树不合算。于是,二人客气起来,你推我,我让你,谁也不愿要树。村长见气氛缓和了,做出最后决定:每家补助一百元,树留村委会公用。刘、李两家主人听了,一个劲儿表态:村长英明,就这么办。

纠纷处理完毕,村长又到我家,见了铡草师傅伸出大拇指说:"妙招,绝对的妙招!"

1953年农业合作化后,集体经济大发展,村里大牲畜增多,机器铡草替代了人工铡草。从此,村里再没来过铡草客,我也再没见过铡草父子。

然而，父子俩那聪慧灵光的形象，连同他们讲述的故事、传授的知识，牢牢印在我的脑海里。

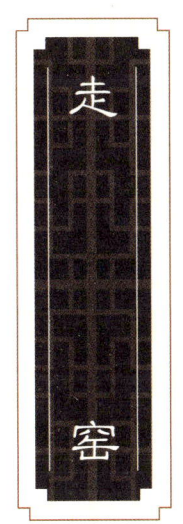

走窑

20世纪四五十年代,许多煤矿还没有实现机械化作业,特别是小煤矿,靠人工从上千米深的井下一篓篓把煤背上来,我的家乡房山把从事背煤的行当叫"走窑",也有叫"背窑"的。

房山地处华北平原与太行山交界地带,西部和北部为山地丘陵,东南部为沃野平原。有名的山有大房山、大安山、三角山、百花山、西占山等,均系太行山分支。

大自然的造山运动给房山人民创造了赖以生存的丰富的煤炭资源。资料显示，房山原煤储量近二十亿吨，大大小小的煤矿星罗棋布，有"煤炭之乡"美誉，与比邻的门头沟并称为"京西煤仓"。

据史料记载，早在明万历二十四年（1596年），京西房山一门头沟一带的煤矿就已经被开采了。那时的煤窑分官办和私人经营两种。官办的由朝廷派驻"煤监"掌管税收和生产，民办的由业主自行管理。

丰富的煤资源派生出走窑这一行当。据悉，那时全县近五百个自然村，几乎村村都有走窑人，光我们村当年就有五十多名。

走窑人装备简单，每人一只窑篓、一盏窑灯、一把窑斧。窑篓由矿主提供，窑灯和窑斧由走窑人自备。窑灯为铁质，内装一种特殊的矿石，矿石遇水产生烷气，点燃后戴在头顶做井下照明用。窑斧木柄铁头，与普通斧子相比铁头细长，一头圆且尖，用以捣煤或背煤途中用来支撑背篓做短暂休息。

一般煤矿从井口到井底有千米左右，有的老矿、大矿深盈两千米，八十多度的陡坡，像楼梯一样的阶梯贯通到井口。阶梯由一根根胳膊粗细的圆木排列钉成，每阶的宽度只能放下一只脚。井底部有一片开阔地，一条条黑洞向四处延伸，直通采煤处，黑洞叫"巷道"，采煤处叫"掌子面"。一篓篓原煤就是由掌子面采出，沿巷道背到斜井底部，再从井底部一阶梯一阶梯背上地面倒入存煤场。走窑人每天周而复始地往返于这样的路程。

走窑是个十分辛苦而又危险的行当。一篓篓原煤从上千米深的井下背到井上，饱含着走窑人的血和泪，记载着走窑人的悲惨人生。

村边一间场房里住着一对讨饭母子，据说从河南逃荒过来。母亲五十多岁，衣着褴褛，蓬乱的头发遮住了半个面庞，几株草叶终日挂在头顶，风一吹微微乱动。儿子叫拴柱，十七八岁，上身光着膀子，下身穿一黑色短裤，虎背熊腰，看上去倒挺结实。母子俩白天讨饭，夜宿场房，一晃半年有余。

场房主人是个乐善好施的长者，除经常送些红薯、窝头之类的饭食给讨饭母子，还时不时过来与娘儿俩拉家常。

原来，这对河南母子家住黄河边，这年雨水大，山洪暴发黄河决了堤，正在岸边劳作的孩子的父亲被洪水卷走了，撇下孤儿寡母。无奈，母子俩只好乞讨为生。

"就这样讨要下去？孩子不小了，不打算讨个媳妇？"场房主人问。

"混成这个样子，谁肯跟着我们受苦。"讨饭娘叹气道。

"倒也是。"场房主人应和着。忽然，他像想起了什么，急切地接着说，"我们村有不少走窑的，我和他们说说，叫你儿子也去走窑，干上一两年，攒几个钱，就在我这场院盖两间土坯房，有了房子，孩子又那么俊俏，还愁没有媳妇上门？"

一席话，把讨饭母子的心说动了。经过一番准备，儿子拴柱也成了我们村的走窑人。

拴柱去的是离村二十里路的黑峪煤矿。这是个全县规模最大的煤矿，铁路线贯通全矿区，出山外经琉璃河直达北京。该矿可采煤五六层，主产无烟煤。

第一次下井，井里黑洞洞伸手不见五指，拴柱惊恐万状。但他想起场房主人的一席话，心中又升腾起美好的愿景，很快平静了些。介绍他来矿的刘师傅告诉他，刚下矿都有这个过程，三天后就习惯了、踏实了、坦然了。

不出刘师傅所述，拴柱上下跑了几趟，三天后果然不害怕了。从此，他和村里的走窑人一样，每天鸡没叫就起来，深一脚浅一脚地奔向煤矿，晚上半夜才赶回场房休息。

百忧感其心，万事劳其形。为了尽早摆脱逃荒乞讨的日子，拴柱不怕吃苦，拼命干活，别人一篓装八十斤煤，他装九十斤、一百斤。从巷道到井底部，虽湿滑但也平坦，径直向前便可；从井底部向井口攀爬，可真要劳筋骨耗体力。身负重物，脚踩手扶，一步步向上攀爬，没爬几阶便腰酸腿疼、气喘吁吁。弄不好篓中的碎煤淌出，灌进脖子，流进后背，连同一

远去的老行当

走窑是个十分辛苦而又危险的行当。一篓篓原煤从上千米深的井下背到井上，饱含着走窑人的血和泪，记载着走窑人的悲惨人生。

李云峰 绘

股股汗水顺着裤腿流出。

走窑虽然辛劳，但终于使拴柱看到了生活的熹晖。一年下来，不但结束了与母亲的乞讨生活，还有了些许积蓄，朦胧中似乎看到了场房主人为他们设计的蓝图。

天有不测风云。体壮如牛的拴柱怎么也没想到竟这样不禁摔打，刚看到生活的熹晖，就得了腰疼病。他不敢看医生，怕矿主知道丢了这份活计。但是，病是藏不住的，他背篓里装的煤量和他攀爬矿井的动作告诉了矿主，他体力不行了。尽管有刘师傅和其他师傅们说情，矿主还是不讲半点面子，说："我这里是产煤的矿山，不是养病的医院！"

拴柱被解雇了，又和妈妈过起了乞讨的日子，场房主人为他们设计的美好蓝图成了泡影。

村里有个叫六子的青年，家有古稀老母，父亲英年早逝，去年春天刚完婚，妻子月仙有孕在身，再过三个月儿子就将出世。为了让母亲和妻儿过上舒心的日子，六子也当了走窑人。

和拴柱一样，六子憧憬着美好的未来，终日起早贪黑，不敢有半点懈怠。身板儿单薄的他每次也要背百十斤煤。由于矿山是流水作业，矿井的上下有五六百级阶梯，百十号人排成串，像履带一样上下连续地运行，中间一个人出了问题，直接影响后边几个甚至几十个人。好在矿井的上行线较宽，有谁实在坚持不住了，可向右跨一步离开队列休息片刻。六子每到坚持不住时，就这样右跨一步，用窑斧把儿顶在篓下喘口气儿。休息时间不能长，长了监工把头会发脾气、扣工钱。

冬去春来，六子在矿上背煤三年整。他用单薄的身躯把一篓篓原煤从上千米深的井下背到井上，堆成了一座小山。那座小山变成了熊熊烈火，沸腾着城市和乡村，温暖着千家万户。然而，他自己却没能逃脱严冬的侵袭。开春了，本是草长莺飞、万物勃发的季节，六子却越发感到周身不适，已经没有力气下井背煤了。

"我这里是产煤的矿山,不是养病的医院!"矿主重复着那句像是录在机器里的话。

一天,正是小学校放学时分,我和小朋友们正列队往家走,看到一队人马抬一担架从远处走来。担架是用一把农家椅子绑上两根扁担做成的,担架上坐着的正是六子。此时的六子瘦成了一把骨头,脸色蜡黄,头倒在右肩上,脖颈已经无力将它撑起了。

三天后,六子走了。村里又少了一个走窑人。

拴柱、六子是中华人民共和国成立前的北京走窑人。那时候的窑主毕竟是中国人,相比之下,在日本人手下走窑的刘山,命运更惨。

"七七"事变后,日军的铁蹄踏进黑峪煤矿。他们抓来大批劳工,扩充走窑队伍。中国人弓背弯腰、流血流汗从井底背上来的大量原煤,被日本人运到他们国家。刘山就是这个时候被抓去当劳工的。

第一天下井,刘山不习惯,篓里装了五十斤煤,监工的日本人说他耍滑偷懒,对皇军不忠,被狠狠地抽了三鞭子。第二天刘山背了八十斤,日本人说还不够饭钱(下井劳工每天管三顿饭,早晨和中午每人三个窝头、一碗盐水煮白菜,晚上每人两个窝头、一盘咸菜),又挨了三鞭子。从第三天起,刘山开始每篓装一百斤,从此没再挨鞭子。谁知,更大的厄运在等着他。

还差两天来矿就半年了。这天,刘山收工回到住处,脸没洗饭没吃,倒头就躺下了,可是翻来覆去睡不着,浑身酸疼冒虚汗,天快亮了才迷糊过去,嘴里一个劲儿说梦话。第二天早晨,睡在旁边的工友把自己的被子盖在了刘山身上,嘱咐他发发汗,别去下井了。

日本人听说刘山病了,派军医来查看。军医经过一番检查,和一名看似军官的日本人耳语了几句,然后告知刘山,说病很重需要住院治疗。不一会儿,来了一辆马车把刘山拉走了。

拉走了刘山，日本军医在宿舍里打了好一阵子药水。

很久不见刘山回来，工友们这才知道他得的是一种烈性传染病，日本人怕传染劳工，影响产煤，于是把他拉到一偏僻山沟点了天灯（浇上汽油后点燃），被活活烧死了。直到日本人被赶走，刘山的家人也没有找到尸骨。据说，埋在刘家祖坟里的刘山坟茔是"活气"（在砖头上刻死者名字入葬），没有真人尸骨。

家父曾经受生活所迫，在几位走窑人的劝说下也做了几个月的走窑人，个中苦楚危情感触颇深。他不止一次叮嘱我，让我牢牢记住一句话：家有半分文，不做走窑人。

20世纪50年代后期，我在县上一所中学读初中。一年暑假，学校组织勤工俭学，我和另外三个同学被批准到黑峪煤矿劳动。

那时，煤矿早收归国有，走窑人变成了当家做主的工人。国家投入大量资金改善工人们的生产条件和生活环境：井下巷道边掘进边打安全支架，从采煤区到矿井井口，安装了上下双轨小铁路，工人们只要装满斗车，原煤通过牵引钢丝绳，被一车车运上地面，就像游乐场的索道一样，电闸一开，运行不停。同学们年龄小，矿领导不让我们下井装煤，全部留在井口，等斗车上来时负责拔掉穿钉，然后顺着铁轨把斗车推到十米外的煤场倒掉，再把空车推回到井口，挂在下行的钢丝绳上。

如今的黑峪煤矿，工人们的劳动强度小了，安全保障有了，福利待遇也好了，除每月领到不菲的薪水，还发放足够的劳保用品，一日三餐饭菜可口，矿区还盖有高档浴室、图书室、篮球场、各种球馆。二十天的勤工俭学，我们完全找不到当年走窑人的感觉，心中充满了煤矿工人的自豪感、荣誉感、幸福感。

"家有半分文，不做走窑人。"——家父的叮嘱已经成了历史……

吹糖人

儿时，家乡春节唱大戏或跟随大人赶集市，都能见到吹糖人的手艺人。他们挑着一副担子，一头是带横梁架子的长方形木柜，横梁架子上有许多插糖人用的小孔，柜子下面有个半圆形开口圆笼，笼里有个小炭炉，炉上放个平底小铜锅，铜锅里盛满了糖稀。担子的另一头是个半米高的长方形带抽屉的平面柜，是手艺人的"座驾"，柜子里装着吹糖人用的剪刀、镊子、麦秸秆等辅助用具。

每到一地，手艺人打开柜子，把糖稀加热搅匀，用小铲子取一块鸡蛋大的糖稀在手上反复揉搓、拉扯，待能拉丝成线后，把糖稀球放在左手心里，用右手拇指向下捺，像女人捏窝头那样在糖稀球中间捺下一个坑，然后像包菜包子那样把外口收紧，快速拉出，形成一个糖棒，犹如细管，剪去前边一截，留下部分衔在嘴里均匀吹气，边吹边按设想的造型拿捏，待成形后取一麦秸秆蘸点儿糖稀粘在糖人上，一件作品就宣告完成了。

这是高境界的吹糖人法，要求艺人有形象思维、立体思维，还要有审美，用力均匀适度，拿捏准确到位。还有一种简单的方法，事先做好模子，模子分两半，把封好上端口的糖稀球放入模子里盖好，细管部分留在模子外用嘴吹，待吹不进气了把模子打开，一件同模子里形状一样的糖人也就完成了。

相传，吹糖人的祖师爷是明朝宰相刘伯温。据说，大明太祖高皇帝朱元璋为维护统治，保住皇权，使皇帝一代一代传下去，晚年偏爱诛杀，造功臣阁火烧功臣，连辅佐他的宰相刘伯温也在其内。号称军师的刘伯温睿智超人，竟奇迹般逃脱，被一挑糖老者救下。两人调换服装，从此刘伯温隐姓埋名，挑糖游走四方。这期间，他整日琢磨如何赚钱更快更多，于是发明了吹糖人，生意越做越红火，果然比挑糖换破烂儿来钱快、赚钱多。之后，他边吹糖人边带徒弟，走一路吹一路带一路，致使吹糖人的人越来越多，一直传承了六百多年。

在我的家乡，村里每年春节唱大戏，农历每月初三、六、九逢集日，都有几个吹糖人的手艺人献艺。那时农人贫苦，农家孩子没有可玩的物件，糖人好看、好玩，还可以吃，孩子们都很喜欢。每逢吹糖人的手艺人来了，我们总是围在旁边看，有时连饭都忘了吃。

经常到我们那里吹糖人的手艺人姓郝，四十多岁，我们都叫他郝叔叔。

郝叔叔不但姓郝，人也特别好。我们围在他摊子前看热闹，叽叽喳喳乱喊乱叫，他不烦也不恼，还编了吹糖人的儿歌唱给我们听：

一边捏一边吹，三下两下好稀奇；

捏个小狗汪汪叫，吹个小人笑嘻嘻。

有个小女孩儿让郝叔叔吹了一只小兔子，交了钱，转身要走，一个小男孩儿不小心碰掉了小兔子尾巴，小女孩儿哇哇大哭起来，小男孩儿怕让他赔糖人，吓得也哭了。郝叔叔赶忙说："小姑娘别哭，叔叔可以让小兔子再长个小尾巴。"说着，三下两下捏了个尾巴，蘸点糖稀按在了小兔子身上。小女孩儿笑了，小男孩儿也不哭了。

还有一次，郝叔叔摆好摊子不久，一个叫二头的小男孩儿围了过去，瞪着两眼看他吹糖人，旁边戏台上打打杀杀好不热闹，小男孩儿眼都不斜，全身心地看吹糖人。中午了，听到妈妈喊二头回家吃饭，他才不舍地往家跑了。没过一袋烟的工夫，小男孩儿又回来了，还是那么认真，还是那么专心致志地看郝叔叔吹糖人。这时，郝叔叔仔细打量小男孩儿：上身穿两件粗布夹袄，下身穿一条薄棉裤，两膝盖处露出了黑褐色棉絮，脚穿一双家里做的尖口布鞋，两脚露出了一对大脚趾。

"冷吗？"郝叔叔问。

小男孩儿摇摇头，没说话。

"喜欢吗？"郝叔叔指着横梁上插着的糖人又问。

小男孩儿仍然摇头，没有说话。

不对，他的两次回答显然都是违心的。郝叔叔这样想着。不知为什么，他的眼眶湿润了。他不再问了，埋头做着手里的活。

不一会，一个"小耗子上灯台偷油喝"的糖人吹好了。郝叔叔递过去说："拿着，回家吧，外面冷，别冻着。"

小男孩儿没敢接，瞪着两眼看郝叔叔。

"不要钱，送你的。"郝叔叔解释说。

小男孩儿又怔了一会儿，猛地上前，一把抢过糖人，扭头跑了。

望着小男孩儿远去的背影，郝叔叔鼻子一酸，泪珠终于掉了下来。

郝叔叔如此心疼那个小男孩，源于他的苦难童年：他五岁那年丧父，

远/去/的/老/行/当

郝叔叔吹的糖人堪称一绝。
他吹的花鸟虫鱼、
牛马牲畜、
童叟人物……
有坐有卧，
有动有静，
配上五颜六色的颜料，
栩栩如生，
形象生动。

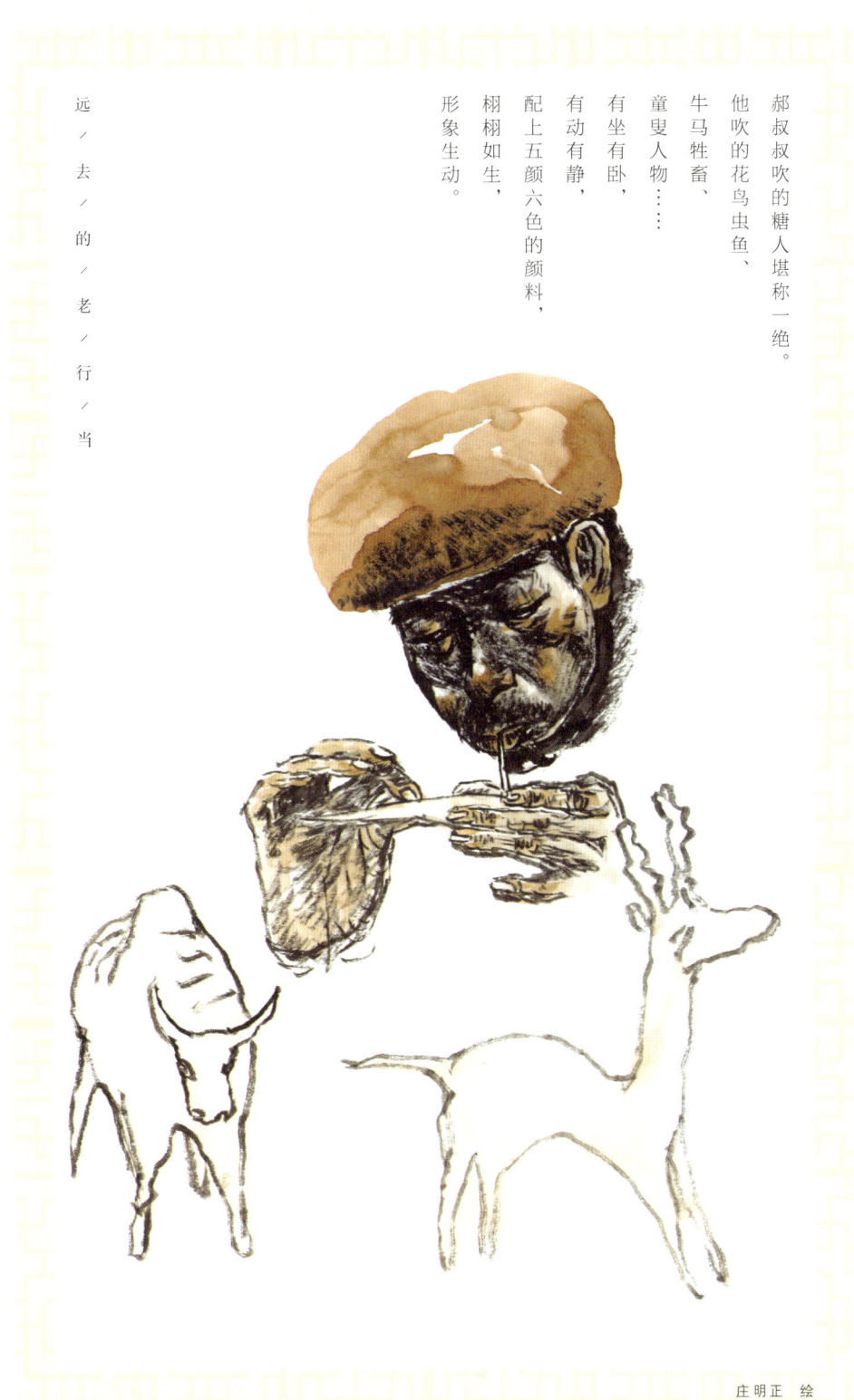

庄明正 绘

靠母亲给财主家当奶妈养家糊口,十岁之前没穿过一件新衣服,靠街坊四邻施舍接济。十五岁那年,为了不让妈妈继续吃苦受累,他到财主家扛活,把妈妈替换回家。在财主家做事不到一年,实在受不了受苦受累的日子,从财主家逃出,跑到河南,遇到一个吹糖人的名家。他拜老人为师学吹糖人,每天帮助老人挑着担子走街串巷,老人一边吹糖人一边教他。

转眼一年过去了,聪明的小郝学得了一手吹糖人的好手艺。

告辞老人,回到家里,小郝自己干起了吹糖人的行当。他尝够了苦日子的滋味,懂得穷人家孩子的自尊心,所以对穷孩子分外体贴照顾。自打独立吹糖人以来,不知白送出去多少糖人,所以他干了整整十年,母子俩的日子还是过得很紧巴,直到三十岁才娶上老婆。

由于出身名师,加上自己虚心苦学,郝叔叔吹的糖人堪称一绝。他吹的花鸟虫鱼、牛马牲畜、童叟人物……有坐有卧,有动有静,配上五颜六色的颜料,栩栩如生,形象生动,喜煞孩子,连大人看了都赞不绝口。

不墨守成规,大胆想象,敢于创新,是郝叔叔吹糖人的另一大特点。他除了吹单人单物的糖人,还善于吹组合的糖人,使吹出的糖人有内容、有情节、有故事,就好像小人书、连环画。比如,他吹《红楼梦》中的宝玉、黛玉、宝钗、湘云、宝琴、探春"桃花社"作诗对诗,吹唐僧、沙僧、八戒、悟空西天取经,还吹十二生肖,水泊梁山一百单八将座次排位等,糖人人物间有交流、有互动,有问有答,有歌有吟,有喜有悲,有哭有笑,孩子见了喜欢至极,缠着爹妈购买。家长舍不得一下子掏那么多钱买全套,答应一次买一个,小孩子直到一全套买齐才肯罢休。

时间来到了20世纪70年代。郝叔叔已过花甲之年,他挑不动担子了,跑不了远路了。他不想把这一身的手艺带进棺材,他要信守当年给师父许下的承诺:带好徒弟,传承后人。他想到了高中毕业后在小学校教书的儿子,他要把吹糖人的技术传给他。儿子一听急了:"您找徒弟找了十几年,没有谁愿意学这个,到头来想到了我,让我放下教师不当,满大街敲铜锣吹糖人，我才不干。"

徒弟没收成，却碰了一鼻子灰。郝叔叔死心了。

没过几年，国家改革开放的大幕拉开了，全新的经济、政治、文化等一系列新政策相继出台，中国大地上焕发出空前的生命力、创造力。随着工业化水平和市场经济的迅猛发展，人民生活水平的日益提高，各种铁质、塑料、布质玩具充斥市场，农村小孩的日常玩具越来越丰富，吹糖人不再受孩子们青睐，本来就不赚钱的吹糖人行当在农村也逐渐消失了。郝叔叔那只铜锣和平底铜锅早已当废铜卖给了收破烂儿的了，那两个闲置了多年的快要散架的长方形柜子，也早已当劈柴烧了。处理这些物件时，郝叔叔的心情是喜还是忧，别人不知道，我猜测应是喜忧参半，十分复杂吧。

吹糖人的手艺人，包括郝叔叔在内，尽管在历史的长河中匆匆过往，没有惊天动地的事迹丰碑，但他们也是一段历史，一段值得记录的历史过程，起码在我和像我一样的当年的孩子们脑海里，留下了一抹时光也抹不掉的记忆。

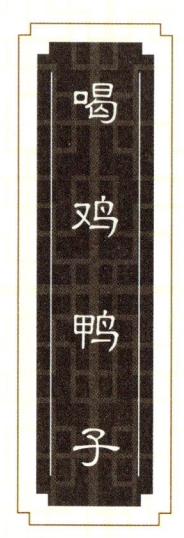

喝鸡鸭子

题目中的"喝"字在这里是买、收购的意思,在我的老家京郊房山,"喝鸡鸭子"是指小贩走街串巷收买鸡和鸭子。

离我们村十几里路有个张村,村里有个专门从事收购鸡和鸭的人,人们不知道他的名字,因他长得高大壮实,大家都叫他柱子。

柱子年少多灾,父母双双患上不治之症,几年后相继西归,留下诸多债务,那年他还不满二十岁。

但年轻的柱子有志气,一心想通过自己的双手奋斗三五年,把家里的外债还清。于是，他起早贪黑，脸朝黄土背朝天侍弄父母留下的两亩薄地。

不久，合作化了，地入社了，柱子靠在生产队劳动挣工分糊口。他苦干一年下来，基本够自己穿衣吃饭，但几乎没有多余的钱。

好在天无绝人之路。柱子遇到了贵人。

柱子的邻居李二叔在县城一家有名的饭店当红案大厨，店里每天都要消耗四五十只鸡鸭，这些鸡鸭都是经过李二叔的手烹饪上桌。他见柱子孤身一人没日没夜苦干，日子过得还是那么紧巴，实在有点心疼。一天晚上，他把柱子叫到自己家里，边喝茶边聊起家常。

"你爸妈患病欠的债还多少啦？"李二叔问。

"挣一年的工分刚够自己的挑费，哪有富余钱还债！"柱子回答。

"明年就满二十了吧，没心思找个媳妇？"

"哪敢想那事，等还完债再说吧。"

那个晚上，李二叔给柱子指出一条挣钱的道——喝鸡鸭子，卖到李二叔主厨的饭店，挣个差价。

其实，李二叔给柱子出的这招，他自己要付出许多，要做许多工作。比如，他要找生产队长说情；他要说服饭店老板，匀出原来饭店收活鸡活鸭的一部分货源；喝鸡鸭子还要有交通工具和本钱，柱子一穷二白，分文拿不出。好在李二叔是县上的人，又是店里的主厨，在村里、店里都有面儿，事情很快就谈妥了。

一切安排停当了，李二叔又把柱子叫到自己家里，掏出几百元钱递给柱子，并指着院子里的那辆旧自行车对柱子说："拿上钱，骑上它，下月就开始干。一天生，两天熟，摸索着来，只要不怕吃苦，你很快就会翻身的！"

柱子带着满心的感激回到家，躺在炕上整整盘算了一夜。

第二天，柱子上山砍来一大捆荆条，连夜编了两个大花筐，结结实实绑在了李二叔借给他的那辆旧"二八"自行车的后轮架上。第三天，他揣上李二叔借给他的本钱，骑上自行车走村串户干起了喝鸡鸭子的营生。

还别说，李二叔的主意满灵验。自从干上这行当，柱子每天都能见到活钱。两个月后的一天晚上，他揣上一个红纸包来到李二叔家。

"叔，我这两个月挣了点钱，先还您一部分，不出半年，欠您的钱我保证还清。"

"别，我眼下用不着钱，还是先还你爹妈看病欠下的债吧。"

人活的就是个心气儿，有了奔头，心气儿就足了，柱子越干越来劲。多少年了，家里过年别说吃顿肉馅饺子，就连春联都没贴过，一是没钱买，二是没心气儿贴。今年春节，他家早早就贴上春联了，字是李二叔写的，词是柱子自己编的。上联是：大干苦干三五年；下联是：所有外债都还完；横批是：不信你看。

雄心归雄心，生活的航船不是全按照自己的意愿前行的。时间长了，柱子慢慢发现，喝鸡鸭子也有个旺季淡季。伏天，母鸡不下蛋，数九天，鸡鸭吃得少，下蛋也少，这两个季节主人养鸡鸭要白搭食，都乐意卖掉换油盐，这是收购的旺季。春秋季鸡鸭正下蛋，你给多少钱人家也不卖，这是收购的淡季。

旺季，柱子收购的鸡鸭每天都能满足店里的需求。到了淡季供应不足，柱子可是急坏了。

急归急，总得想办法解决呀。开始，柱子想了这么个法子：旺季时多收些，除去送饭店，多余的养起来，待收不够时加上去。开始一段时间还可以，后来发现养起来的鸡鸭因为喂食不及时，几天后变瘦了、轻了，卖不上价，不合算。

人一急红了眼就容易想歪点子。柱子走村串乡，发现村边柴草垛周围集聚着好多鸡鸭在觅食。心想，淡季收不够随手抓一两只顶上，不就满足饭店的需求了吗？

柱子这么想了，也这么做了。谁知时间不长，也就在这上面出了事，栽了跟头。

赵店村北有个生产队的打麦场，旁边住着刘姓一家，主人刘嫂养了一群鸡，早晨把鸡轰出去到场边觅食，晚上赶回来圈进鸡窝。

这天，刘嫂赶鸡发现少了一只，怎么也找不着，过了几天又发现少了一只。刘嫂急了，交代六岁的儿子铁蛋天天放鸡、看鸡。

别看铁蛋年龄小，心眼儿可多着呢。他想，我家连丢了两只鸡，一定是黄鼠狼叼走吃了。于是，他找来一根木棒子，在麦秸垛边上掏了一个洞钻进去，观察黄鼠狼的动静，一旦发现，立即从洞里蹿出，木棒子打上去，黄鼠狼定死无疑。

这天黄昏时分，铁蛋突然听到场院上鸡叫，赶紧探出头来观察，发现一个人正用网子网他家的鸡。铁蛋明白了，原来我家的鸡不是黄鼠狼叼走了，是被人偷走了。

说时迟，那时快，铁蛋提起木棒子，顺手抓起一把土，悄悄走到那个人身后，朝他的脸上扔了过去。那人听到有动静，猛地一回头，那把土不偏不倚，正好打在他的脸上。

"哎哟……"那人大叫一声，蹲在地上，双手不停地揉眼。

铁蛋以胜利者自居，一转身跑回家里。

刘嫂听了儿子的叙述，觉得大事不好，赶紧端了一盆清水往外跑，送到那个还在揉眼的人跟前，一边说"孩子不懂事，伤着您了"，一边帮那人冲洗眼睛。

那人自觉理亏，简单洗了洗眼睛便推上自行车走了。他就是喝鸡鸭子的柱子。

自从那以后，柱子的左眼视力受到了极大的损伤。

夜幕四合，万籁俱寂。柱子在家躺了整整两天，也想了两天，不知不觉忆起了两件往事。

第一件：柱子五岁那年，妈妈给他一角钱让他去供销社买五分钱醋，

喝鸡鸭子大都是与家庭妇女打交道。

他给自己定了三条规矩：

童叟无欺，待客平等；

宁可放空，不骗不蒙；

守法遵纪，把心摆正。

远/去/的/老/行/当

李云峰 绘

售货员找错了钱，多给他一分。柱子高兴地跑回家把钱给了妈妈。妈妈很不高兴，一顿训斥之后硬是叫他把多找的一分钱送了回去。

第二件：柱子八岁那年跟爸爸到自家地里收庄稼，由于天气热把外衣脱下来挂在地头路边一棵小树上，谁知收工时忘拿了，直到第二天早上才想起。原以为早让别人拿走了，谁知爸爸竟把衣服都摘了回来。

这两件事，对柱子触动很大。联想起爸爸常对他说的话——路不拾遗，夜不闭户，不贪不义之财，这是中国的传统品德，也是中国人的品格骨气。逐渐地，柱子悟出了这样一番道理：人活在世上要行得正走得直，不能想歪点子走斜路，人在做，天在看啊！

第三天，柱子又打起精神出门喝鸡鸭子了。

喝鸡鸭子大都是与家庭妇女打交道。那个年代，乡下大妈、大娘们基本没什么文化，脑子也不太灵光。以往在分量上、账目上，柱子好耍点小聪明、占点小便宜。自从那次想明白后，他给自己定了三条规矩：童叟无欺，待客平等；宁可放空，不骗不蒙；守法遵纪，把心摆正。

转眼又到了春节。这天柱子收购鸡鸭回来，老远就看见去年大门上贴的对联，走到跟前，一步上去把对联撕了下来。当晚，他躺在炕上思忖了好久，忽地从被窝里爬了起来，披上衣服就往外跑。

隔壁李二叔已经睡了，听到敲门声，知道是柱子来了，赶紧开门迎客。

柱子进得门来，直截了当求李二叔写春联，还是他自己编的词。上联是：公买公卖做生意；下联是：一颗良心对天地；横批是：食言雷劈。

柱子确实没有食言，日复一日、年复一年，勤勤恳恳、规规矩矩地做生意。

天道酬勤。一晃五年过去了，柱子的生意越做越红火，不仅还清了所有的外债，还翻盖了爹妈留下的三间土坯房，娶了媳妇生了儿。

岁月流变，转眼又过了十几年。

随着年龄的增大，柱子蹬自行车很吃力了，再加上眼神不好，他准备收手不干了。

又是一年春节来临。柱子越发觉得身体不适,柱子媳妇借了个三轮车在前面拉,十三岁的儿子春生在后面推,硬是把柱子拉到了县医院。一检查,柱子媳妇傻了:柱子患了不治之症。她到厕所里哭了一会儿,擦干了泪水,转回身准备去交住院费,被柱子拦住了。

"别乱花钱了,我没事,回去吃点药就行了。"柱子心里明白,得这病就是个填不满的坑,甭说没钱,就是有钱也治不好。

腊月二十三小年刚过,柱子的病情加重。能否过得去年三十,他心里没底。这天晚上,柱子把媳妇和春生叫到跟前说:"快过年了,今年的春联要提前贴,词我已编好了,在这张纸上,春生你晚上拿到隔壁你李二爷那儿,请他明天就给写好。这里还有一个信封,里面有一封信,是写给你们娘俩的。"

柱子媳妇识字不多,把这两样东西交给了儿子春生。春生先看了那张纸上的对联。上联是:不怨天不怪地不怨社会;下联是:抬起头跟党走坚定不移;横批是:冬去春回。

春生看完对联后,刚要打开信封,被柱子拦下了:"这信不是当下看的,要等我入土那天才能打开,不然就不灵验了。"

柱子媳妇和春生都不知道他葫芦里装的什么药,因他重病在身,也只能顺从了。

果不其然,柱子真没能闯过大年三十,腊月二十九早晨就撒手人寰了。

那时在乡下,人死了要在家供尸三天才能下葬。因为正好赶上春节,柱子媳妇考虑不要扫左右邻居过年的兴,经过简单的准备,第二天就将柱子下葬了。

送走了柱子,春生娘让春生打开爸爸的信念给她听。

信不长,只有几十个字,是这样写的——

"咱村北五里路远是赵店村,赵店村北有个打麦场,场边住着刘姓一家,爹欠人家两只鸡钱,我死后千万记住把钱还人家。"柱子怕春生找不到,还专门在信下面画了一个路线图。

春生妈听春生念完信,好难过了一阵子。她对春生说:"父债子还,天经地义。过了破五(正月初五),我到你舅舅家去借,一定把欠人家的钱还上。"

正月初七,春生怀里揣上钱和那封信,一边走一边打听,终于找到了刘姓家。

开门的是一位妇女,年龄比春生妈大些。春生认准了这就是爸爸说的那个刘大妈,随即讲明了来意,双手把钱递到了她的跟前。

刘大妈开始一怔,以为这孩子认错了门,听他自我介绍后,忽地想起了多年前那个喝鸡鸭子的壮年,赶紧说:"这钱我说什么也不能要,这些年我心里总觉得亏亏的,都怪我儿子不懂事,伤了你爸爸,不知他的眼睛怎么样了。这钱你拿回去,留着给你爸看眼病吧!"

"我爸他年前已经不在了。"春生两眼含着泪花。

刘大妈心里"咯噔"一下子。她不知怎样安慰春生,一把将他搂在怀里,像搂她自己的儿子铁蛋一样,紧紧地,紧紧地……

送喜歌

老舍先生编写的舞台话剧《茶馆》塑造了五十多个不同阶层、不同职业、不同身份、不同性格特点的人物,其中有个不起眼的角色叫"大傻杨"。他肩背一个稍马子,手拿一对缀有铜铃铛的牛骨板,诙谐幽默地念着喜歌,把前场戏与后场戏紧凑地联系起来,并时不时出现在王利发茶馆,为他祈福念喜歌混口茶喝。

20世纪五六十年代,我家乡京郊房山也有送喜歌这一行当,人们叫他喜歌郎。谁家结婚、生子、盖新房、葬老人,喜歌郎便上门说唱喜歌,说好话送祝福，讨主人高兴，挣得少许钱财，借以养家糊口。

喜歌郎说唱的喜歌大都是老辈子传下来的，有固定的模式和唱词，喜事种类不同，词的内容也不同。也有的是根据现场情况现编现说唱，更烘托气氛，增加感染力，讨主人喜欢。

我小时候常见一姜姓喜歌郎活跃在附近村子。他五十几岁，个头不高，走路不利落，右臂和大腿一甩一甩的，据说是小时候得了小儿麻痹症。他三十岁那年与邻村一患眼疾的姑娘结婚，婚后生得一子，由父母帮衬照看，两口子走街串巷给人家送喜歌，以此挣钱贴补家用。

虽说姜歌郎腿脚不好，没念过几年书，可脑子灵得很，老辈子传下来的喜歌听一遍就记住了，一口气能背出几十首喜歌，还能现场自编喜歌。

我们那一带盖房分四步：刨槽，码磉，立架，上梁。老辈人按这四步传下来四句喜歌：

刨槽刨出金元宝，码磉码成米粮仓；

立架竖起擎天柱，上梁引来红太阳。

我家乡六十岁以上老人过世，算是喜丧，为送老人上天堂享受荣华富贵，老辈子传下来四句喜歌：

一生辛劳不言苦，养儿育女乐悠悠；

今日驾鹤西归去，到了天堂享清福。

老辈子传下来的结婚喜歌是：

大花轿子二人抬，俊俏媳婆回来；

一家人进一家门，白头偕老乐开怀。

老辈子传下来的生子喜歌是：

恭贺东家喜添丁，十八年后一条龙；

撑起门户发大财，光宗耀祖看后生。

这些喜歌，姜歌郎烂熟于心，甚至可以倒背如流。凭着这个本事，他走街串巷，餐风饮露，送喜上门，深受欢迎，不仅养活了一家人，还盖了三间新房，供儿子读到了高中。

说起姜歌郎盖新房，这里还有一段离奇故事。

那年，姜歌郎经过几年给人家送喜歌，积攒了一些钱，便琢磨着盖新房，为儿子娶媳妇做准备。谁知，石头、木料、砖、沙等建材都准备好了，突然老婆患重病住进了医院。当时手头紧巴，一时凑不齐住院押金，只好把准备盖房用的十五根檩条、三千块青砖卖掉，换回现金交到医院，盖房的事暂告一段落了。

老婆痊愈出院后，姜歌郎更加卖命地外出说唱喜歌，攒钱重新置办建材，争取早一天把房子盖起来。

这天，姜歌郎早起准备到邻村一家送喜歌，推开门一看，惊呆了：门前的路边整整齐齐摆放着一堆檩条、一堆青砖。他数了数，不多不少，檩条十五根，青砖三千块。再一细看，正是他当初卖给邻村王先生的檩条和青砖。他百思不得其解：莫非王先生反悔不想买了？莫非王先生发现材料有问题？正好，今天去邻村送喜歌，顺便问个究竟。姜歌郎心里想着，盘算着。

喜歌说唱完后，姜歌郎来到王先生家，试探着对王先生说："我的那些材料本是留着自家盖房用的，是为了凑老婆住院押金钱才卖的，不是迫不得已绝不会出售的，质量保证没问题，价格也绝对合理……"

没等姜歌郎说完，王先生哈哈大笑起来。笑过之后，王先生向姜歌郎道出了原委实情——

三十年前，王先生喜得贵子，姜歌郎上门说唱喜歌，唱完老辈子传下来的喜歌后，又触景生情，现场编了两段歌词说唱给王家。

第一段是这样唱的：

天上王母慈悲怀，亲手送得金子来；

从此东家走鸿运，一天一天发大财。

远/去/的/老/行/当

虽说姜歌郎腿脚不好,没念过几年书,可脑子灵得很,老辈子传下来的喜歌听一遍就记住了,一口气能背出几十首喜歌,还能现场自编喜歌。

李云峰 绘

第二段是这样唱的：

金子本是栋梁才，国事家事记心怀；

官运亨通步步顺，光宗耀祖永不败。

王家正是借着姜歌郎的吉言，自此天天、月月、年年走"顺"字，种的十几亩地连年丰产丰收，全家添丁进口，无病无灾，人财两旺。儿子健康长大，读完小学读中学，高中毕业后参了军，入伍两年后考上了军校，毕业后当了排长当连长，眼下是某红军团一营的营长，指挥着上千号人。王家买来姜家的建材，原本是给当营长的儿子盖结婚用房，可儿子对结婚的事一直不愿意，一个劲儿地往后推。考虑到自家暂时还用不着这些建材，而姜家有恩于王家，眼下又遇到坡坎，自己理应出手相助，滴水之恩当涌泉相报啊！于是，决定把从姜家买来的建材如数退还给姜家。

闻听此言，姜歌郎像王先生那样，哈哈哈笑得前仰后合，说"你家连年丰产丰收，那是因为风调雨顺年景好；你家人丁兴旺无病无灾，那是因为你们坚持劳动锻炼、家风和谐、注意保养；你儿子事业有成、在部队青云直上，那是因为他聪明能干、人气旺有本领，这些，跟我送给你家的喜歌没有半点儿关系，我那是随口说说，卖个顺水人情，让你高兴高兴，你还当真？"

"不不不，没有你的吉言，我全家里里外外发达不到这个样子，所以无论如何我还是要感谢你的。"王先生诚恳地说。

说到木材和砖的事，双方争执不下。姜家说，既然材料已经送到门上，那我就原价买回，只是钱不凑手，要晚些时日付款。王家坚持把建材白退给姜家，不收取半分钱，就当姜家办喜事时随了份子。

双方你推我让了一个多钟头，仍没有结果。还是王家叔伯哥出面调停，最终达成一致：姜家用原价三分之二的价钱收回建材，付款无期限，不分次数和时日，什么时候有钱什么时候给，每次给多少收多少，直至付清。

这就是姜家盖房建材失而复得的前因后果。一件让人感动、传递农人朴实善良的平凡故事，在十里八村中迅速传播开来，无不为之赞叹，有人竟也编成喜歌传唱：

几千砖木闪金光，凝聚朴实和善良；

互帮互助传佳话，姜王两家是榜样。

一位哲人说过，世界上不都是大美，美中也有瑕疵，也有遗憾，甚至也有悲剧。

一次，姜歌郎为一家送添丁喜歌，因事先得到的消息不准，结果出了乱子。

事情是这样的：这家主人重男轻女，儿媳妇前两胎生的是女孩儿，公婆非要儿媳生第三胎，谁知第三胎仍是女孩儿。公公婆婆心里本来就窝着火，这一来更气坏了。一边是爹妈，一边是老婆，儿子夹在中间有话不好说，也窝着一肚子委屈。正在这时，姜歌郎上门说唱送子歌，这家儿子便把火气撒在了姜歌郎身上，举起一根棍子朝着歌郎冲过来，吓得姜歌郎撒腿就跑，跑出老远还听后面不停地破口大骂。

冬去春来，日月轮回。眨眼间，姜家三间新房盖起来了，儿子也长大成人了，姜歌郎夫妇送走了二老，自己也变老了。

这年春上，姜歌郎害了一场大病，五天五夜水米没打牙。这天夜里，他自觉熬不过天亮，便让老伴把儿子叫到床前，断断续续地对她说："家有一颗粮，别做喜歌郎。虽说为人祈福，可那是哄人的话，日子过得好不好，靠双手劳动，喜是唱不出来的……"

姜歌郎终没有熬到天亮，深夜子时刚过便停止了呼吸。

姜歌郎走了，直到出殡时，也没人给他送喜歌，不知是他生前向同行朋友交代了还是其他什么原因。倒是在他家门外的墙上贴了一张彩纸，上书一首字迹遒劲、很有内涵的小诗：

歌郎送喜千万家，尝尽酸甜和苦辣；

为人祈福是本意,何必自认是欺诈?

人们猜测,这兴许是邻村退建材的王先生送给姜歌郎的喜歌吧!

骆驼板儿

骆驼，被人们称为沙漠之舟，很早很早以前生活在北美洲，后越过白令海峡繁衍到亚洲和非洲。散见于我国新疆、青海、宁夏等地，内蒙古居多。这种高高大大、憨态可掬的动物，在京郊大地很是罕见。不过，我们村有一家养了两峰骆驼，所以我从小就认识并近距离接触过骆驼。

养骆驼的这家农户姓周，每天用骆驼从山里煤矿驮运燃煤回来，卖给村里农户，挣几个差价，或为农户代买煤回来，挣几个人工脚钱。因周家主人长年累月拉骆驼搞驮运，乡亲们都叫他骆驼板儿。

我家屋后是一条南北大道，向南穿村街直通骆驼板儿家，向北四十多里穿过两村子、一条季河到达山中煤矿。每天凌晨两三点钟，骆驼板儿拉着骆驼从我家屋后经过，"叮咚叮咚"的驼铃声把我惊醒，我知道，为了生计，骆驼板儿又向山中煤矿出发了。

拉骆驼驮煤搞运输，可是个苦营生。那时乡间都是深沟土路，坎坷不平。春季尘土飞扬，遮天蔽日；夏秋两季泥水没足，行走艰难；冬季风刀雪剑，刺骨锥心。过了土路，穿过第一个村庄，便是一百多米宽的河滩。雨季山洪下泄，水深没膝，稍有不慎，人仰驼翻，弄个魂飞胆丧。进了山，一路向上攀爬，脚下怪石嶙峋，崎岖蜿蜒，犹如逆坂走丸，其难其险似履蜀道。

如此这般路程终年过往，足见挣得几个驮煤差价脚钱实属不易。有人说骆驼板儿是用血和汗养活着一家生计。此话实不为过。

有一年雨水勤，季河水比往年显多。骆驼板儿拉着两峰负重的骆驼涉河正往家赶，刚走到河中心，上游洪水突然下泄。他躲闪不及，被一个浪头打倒，两峰骆驼也左右打晃。正当人驼岌岌可危之际，一队荷锄扛锹下地干农活的村民路过，一个个飞奔而来，用手中农具接力向前，扶起骆驼板儿，簇拥着他和两峰骆驼艰难地走出季河，转危为安。多年后，骆驼板儿想起此次运煤遇险仍不寒而栗。

尽管营生如此艰难，然而骆驼板儿讲德行、重品行，讲良心、重信誉，从不贪于财，不苟于利，时时处处怜于人、助于人、帮于人。他说，古人讲得好，有善心者家里宁，为善事者子孙笑。多年来，他奉行"三敬"（崇敬、尊敬、孝敬）原则，惠及众多百姓，其言其行村里妇孺皆知，交口称赞。他崇敬烈属，他们为革命牺牲，为百姓献身，值得崇敬；尊敬军属，他们舍小家为大家，送亲人保家卫国，应该尊敬；孝敬孤寡老人，他们身单影只，弱势无援，需要孝敬。

村里有一对老人，唯一的儿子在老两口四十多岁那年参了军，打锦州时阵亡了，政府给他们送去抚恤金、慰问金，他们说什么也不肯收，说儿子是自愿参军的，为了国家，也为了自己的小家，做了自己应该做的，怎么能收国家的钱呢？中华人民共和国成立后，两位老人多病在身，生活十分艰辛，却谢绝政府给予的一切照顾。老人的精神深深感染着骆驼板儿，主动挑起为他家买煤、送煤的担子，还坚持不收脚钱，煤费也只收一半。对村里的三户军属、五户孤寡老人，骆驼板儿同样照此相待。

作为买卖人，骆驼板儿有一套自己的从业规则：让中取利，信内求财，不坑不蒙，不拐不骗。

一次，一农户托他买两吨优质煤，并提前按市价付了现金。骆驼板儿顶风冒雨往返跑了三趟，把煤驮回来送到这户人家里。这笔交易到此本该结束了，没想到骆驼板儿却退回给买主部分煤款。买主以为煤的分量出了问题。骆驼板儿赶忙解释，分量足斤足两没有问题，只是这批煤比上批稍次，煤中有少量矸子，煤矿给打了点折扣，所以省下几个钱。还有一次，骆驼板儿给一农户买煤，过山崖时山石把装煤的口袋划了一个两寸多长的口子，煤末子流了一地，估摸着有二十斤左右。结账时，骆驼板儿硬是退给了农户二十斤的煤款。

这两件事，骆驼板儿自己不说，鬼也不会知道。然而，信誉和良心驱使他如实相告，如数退款，不贪半分不义之财。其实像这样的事，在骆驼板儿身上不计其数。

"骆驼板儿不简单，见义勇为全乡传，追回别人救命钱，自己破财无怨言。"这是流传在百姓口中的一首打油诗。它记述着骆驼板儿一段令人称颂的故事。

这天，骆驼板儿拉着两峰负重的骆驼从煤矿下山，刚踏上大道，就见一中年男子气喘吁吁地跑过来，边跑边喊："抢钱了，抓住他！"骆驼板儿

远/去/的/老/行/当

春季尘土飞扬，
夏秋两季泥水没足，
冬季风刀雪剑，
如此这般路程终年过往。
有人说骆驼板儿是用血和汗养活着一家生计。
此话实不为过。

庄明正 绘

朝着中年男子手指的方向望去，只见一小伙子飞奔而去。他意识到，中年男子的钱被劫了，劫钱者定是跑远了的小伙子。

说时迟，那时快。骆驼板儿顺手推掉一峰骆驼背上的两条煤袋，一把拉过中年男子跃上驼背。骆驼似乎明白主人意图，驮上主人和中年男子朝小伙子跑的方向飞驰而去。另一峰骆驼老老实实待在原地，等待主人凯旋而归。

骆驼板儿养了十几年骆驼，深知这种高大的牲畜狂奔起来有超人的速度。瞬间，它驮着主人和中年男子冲到小青年前面，主人跳下骆驼，一把揪着小青年脖领。小伙子自知遇到了"天降神兵"，乖乖地把钱交了出来。中年男子的钱失而复得。

原来，中年男子的母亲正在医院做手术，刚刚东拆西借凑齐了手术费，正提着赶往医院去交款，没想到半路遇到劫匪，多亏遇上了贵人相助。

一切恢复平静。当骆驼板儿牵着骆驼赶回原地时，他惊呆了：另一峰骆驼在那里不停地仰天嘶叫，它脚下的两口袋煤只剩下一袋，另一袋不知被哪路神仙顺走了。现场看得出，骆驼与顺走煤的人有过一场激烈的搏斗。

骆驼板儿四下搜寻，不见人影。望着远去的中年男子，他扑哧笑了：救命钱追回来了，值了，那口袋煤，就当捐给了那位住院做手术的母亲吧。

这年秋末的一天，骆驼板儿养的两峰骆驼双双患上肠炎，并发心肺衰竭，久治不愈，于当年年底双双丧命。

在赶脚驮煤卖煤这个行当里闯荡了三十多年的骆驼板儿，从此告别骆驼，告别了买煤、卖煤的营生，回归到祖辈守望的农耕生活。不过，他的"三敬"约定没有就此停步，只是改变了形式：用无穷的力气践行，用滚烫的汗水浇灌，其境界不减，品位不变。

天荒地老，日月轮回。多年奔波，积劳成疾。骆驼板儿终于未挺过大疾劫难,不日作古归天。送葬那天,全村老少出门送行,挽联上,哭声里,都没有他的名字,依旧是唤他拉骆驼驮煤、卖煤的"骆驼板儿"。

拉洋片

农历三月中旬,进了谷雨节,寒潮已去,风柔雨轻,京郊大地已是柳烟成阵、春意撩人了。半个多世纪前,每到这个季节,离我们村六里路远的营子村一年一度的庙会就开始了。

那个时候的农村庙会和今天的城市庙会不同,农村庙会纯粹是物资交流会。因为再过一个多月就到芒种节了,"芒种三天见麦茬",开始收割麦子了。农人们赶营子庙会,置办麦收所需的杈、耙、扫帚等时令农具,以备麦秋所用。所以,农耕文化是当年营子庙会的主打。虽也有连台大戏演唱，那只是烘托气氛、招引观众而已。

　　当然，农人赶庙会是奔着主打去的。对于小孩儿来说，我们不关心主打不主打，而庙会上的拉洋片表演，则是我们忘乎所以的追逐。

　　拉洋片是中国北方的一种民间艺术。它的道具很简单，一个木质方形箱子，分上下两层，每层高约三尺，长约三尺，下层正面有五个或六个圆形孔，孔中嵌有放大镜，箱中装有以民间故事为题材的数张图片。表演者用绳索上下拉动图片替换，观众通过圆孔镜头观看里面的画片变化。木箱旁装有用绳牵动的锣、钹、鼓三件打击乐器，表演者边拉动打击乐器边说唱，介绍图片内容。

　　在那个时代，农村人没见过声、光、电，感到拉洋片神秘得很，尤其是小孩子，把看一次拉洋片当成过一次大年，高兴得不得了。邻居家二毛爸爸打算在庙会上扯几尺布给他做件新衣服，他说什么也不要新衣服，非要看拉洋片。结果，他爸花五分钱让他看了一场拉洋片，省了一件衣服钱。

　　那时我正在村里读小学。每年营子庙会还没开始，我们那群小孩，尤其是小男孩，早就坐不住，做梦都梦见庙会开始了，拉洋片人到场了。

　　不知是学校领导体会孩子的心情，还是老师也想借机逛庙会，那时营子庙会期间，学校每天下午放半天假，叫学生们去逛庙会。

　　当然，拉洋片的场地成了孩子们的专属活动区。人群中有我们学校的，也有别村学校的，有认识的，也有不认识的，好在大家都很自觉，排着队，一批五个人，五分钟一批。看完一场想接着看的，到后边排队。有的小孩儿排了三次队连看了三场。

　　看一场拉洋片虽说只需要五分钱，可那时农村孩子兜里很少装钱的，五分钱能买一斤醋、一斤酱油，够全家吃一两个月的。没钱怎么看拉洋片？我们几个家庭困难的同学有办法——听拉洋片。我们照常赶到庙会上，有钱的同学花钱看，我们几个没钱的就在一旁听表演者说唱，待花钱的同学看完，再给我们讲里边的图片表演。就这样，几天庙会下来，我们也能听三四场拉洋片。记得那些年听的比较完整的故事有：《纣王宠妲己》《水漫金山寺》《水泊梁山》《除四害》等。

好景不长。我读三年级时，学校来了个新校长。新校长出了个新章程：庙会是农人的物资交流会，和学生关系不大，庙会期间学校不再放假。

从那儿以后，新章程断了孩子们看拉洋片的念想。这对于我们听拉洋片的学生来说无所谓，关键是那些看拉洋片的学生，他们受不了，憋不住。怎么办？旷课！逃学！每到庙会下午，三五个小男孩不请假外出，结队向营子庙会跑去。当然，第二天免不了挨一顿批，领头的还要罚站一小时。好在这些同学很聪明，学习成绩都很好。

制度归制度，新校长还是很通情达理的，也许因为不请假逛庙会看拉洋片的几个同学没有落下功课，新校长指示各班老师拿出一堂课的时间，让偷看拉洋片的同学在班里给大家讲述看到的洋片里的故事。这样，我和没看到拉洋片的同学又都听到了拉洋片。

看一场拉洋片，在我的少年时代简直是再幸福不过的事情了。我多想亲眼看一场拉洋片啊！

20世纪50年代末，作为北京十大建筑之一的中国人民解放军军事博物馆竣工。那时我刚读初中，一个周末，学校配合课堂学习，组织同学参观军事博物馆。同学们高兴得几夜没睡好觉，我从周一起，天天想，夜夜盼。好不容易挨到周末，我们乘学校租用的解放牌大卡车一路高歌，很快赶到长安街西侧的军事博物馆。

参观完军事博物馆，我和另外两个同学以到城里看亲戚的名义向老师请了假，火速向天桥奔去。

那时的天桥南北大街热闹得很，街两边低矮的建筑物里除了做买卖的就是文艺表演，有说书说相声的，有跑马戏的，有敲锣打鼓唱戏的。这些都是计时收费，进门时工作人员给你发个卡片，上面标明进门时间，离开时根据时间长短收费。

伴着圆润的拖腔,配合着锣鼓声,十几个精彩鲜艳的画片相继出现在眼前,可谓动人心弦,引人入胜。

远／去／的／老／行／当

庄明正 绘

道边露天也很热闹，有耍猴的，有变戏法的，有折跟头、打把式卖艺的。这些艺人都是就地划个圈，看热闹的人站在圈外，一阵锣鼓响后，艺人开始表演。表演一段后，艺人手托铜锣或小筐转向四周观众收钱，边收钱嘴里边喊：叔叔、大爷、老少爷们儿行行好，咱凭功夫讨口饭吃不容易，求大家有钱的捧个财气，没钱的捧个人气，不要走不要散，下边还要接着演……

对于小孩儿和中学生来说，这些活动无疑都很吸引人。然而，最吸引我的，让我着迷的还是拉洋片。

听大人们说，拉洋片也叫西洋镜，清末在京城流行开来，当年白塔寺、隆福寺、护国寺等处都有拉洋片表演，而最正宗最地道的要数天桥拉洋片。早在20世纪30年代，天桥焦金池（艺名大金牙）的拉洋片表演最为盛名，堪称天桥"八大怪"之一。他的表演独特，眼神聪灵，形体滑稽，唱腔浑厚，口音纯正。他的徒弟罗沛霖（艺名小金牙）、罗沛霖的徒弟尚斌生等，都继承并发扬了大金牙的技艺传统，把拉洋片的民间艺术传承了下来。直到1966年，随着天桥市场关闭，人们很少再看到拉洋片表演了。

我们三个同学来到天桥市场，专门看了两场拉洋片，一场是神话爱情故事《水漫金山寺》，一场是现代战争故事《百万雄师下江南》。

还别说，到底是大金牙的徒子徒孙，表演得就是地道，开始几句唱词就把人吸引住了：

"您往里边瞧来往里边看，看完一片又一片。这一片说的是，有缘千里来相会，白娘子断桥遇许仙……"

伴着圆润的拖腔，配合着锣鼓声，十几个精彩鲜艳的画片相继出现在眼前，把白娘子和许仙的爱情故事表演得惟妙惟肖，可谓动人心弦，引人入胜。

天桥之行，结束了我听拉洋片的历史。我觉得，在我们村那帮发小中，我可能是最幸福、最值得骄傲的，因为我真真切切看到了正宗的拉洋片，不管表演者是不是大金牙、小金牙，反正是看到了北京地道的天桥拉洋片，实实在在体会到了拉洋片这一民间艺术的无穷魅力。

20世纪60年代初，我高中毕业后应征入伍，在部队政治机关做新闻宣传工作，负责把部队的好人好事写成稿件投给报纸、电台。那时我又想起当年听到、看到的拉洋片，便和有绘画技术的战友一起，把这些好人好事编绘成幻灯片，每次放电影前先放一两部幻灯片，还不定期组织各单位搞幻灯汇演，我把它叫作进化了的拉洋片，很受官兵欢迎。

随着时代的进步、科学的发展，电影、电视、智能手机、互联网，充斥着当今人们的视野，流传有百年历史的拉洋片几乎绝迹了。然而，不管科学发展到何种程度，那个让我儿时极度迷恋的拉洋片，在我的心头永驻，磨灭不掉，消失不了。

耍猴

"当当当……"一阵铜锣响起,人们知道耍猴的艺人来了,忙不迭放下手中不太紧要的活计,奔向村中心老戏台前,观看艺人耍猴。

早年农村没有电影、电视,也很少有其他文娱活动,来个耍猴卖艺的,相当于过年唱一台大戏,大人、小孩高兴得很,除了走不了路、出不了门的老人、病人,没有不前去围观看热闹的。特别是我们那些半大小子,在本村看了不说,还尾随耍猴艺人几里路再到邻村去看。

耍猴是我国的一种民间艺术。据史料记载,最迟于唐代已经出现。艺人用训练过的猴子进行表演,与之互动,妙趣横生,讨得围观者欢心,以此换得几个钱财养家糊口。

据传,耍猴人以河南新野居多。那里土地贫瘠,灾荒不断,百姓靠农耕养活不了一家,便干起了养猴、训猴、耍猴行当,浪迹江湖混口饭吃。据说新野的耍猴人游走大江南北,甚至到过中国香港、台湾地区和越南、缅甸等国演出。

经常到我们那一带耍猴的艺人也来自河南,是不是新野人不得而知,姓孙,三十几岁,耍猴世家,我们都叫他孙艺人。

孙艺人的爷爷耍了一辈子猴,亲手送走两只猴子。第三只买回来不久,他老了,腿脚走不动了,只好把猴子当宠物养着,二者形影相随,不离不弃,最终一起故去。遵遗嘱,儿子将二者一起埋进孙家祖坟。

命运最凄苦的要数孙艺人的父亲。他从十岁开始跟着孙艺人的爷爷走南闯北,耍猴卖艺。爷爷去世时,孙艺人的父亲才十五岁,自此独闯江湖,白天撂场子卖艺,夜间窑洞、破庙栖身,风餐露宿,食不果腹,尝尽人间苦楚。

一日,孙艺人的父亲身背道具,手牵猴子,前往一村镇,那里正举办备耕物资交流会,想必人多热闹,演出一场可多挣几个钱财。正当他如此憧憬之时,只听身后一队人马嘈杂而至。回头一看,原来是一队日本兵赶到。孙艺人的父亲躲闪不及,被一带队的日本军官一把揪着,对他叽里呱啦吼叫了一阵。翻译官上前用中国话解释,让他带路到山中某镇。孙艺人的父亲来这一带已有些时日,早就听说八路军刚打完一场胜仗,正在那个镇子休整。心里思忖,这队日本兵前往那个镇子,肯定是要打击八路军。于是,他拒绝给日本兵带路。

日本军官见孙艺人的父亲摇头拒绝带路,便用金钱诱惑:"你带路,这个统统归你,你耍猴,一年也挣不到这些钱的!"

"我不缺钱,耍猴是个乐子,逗人开心玩。再说,我不是本地人,不认识你们说的那个镇子。"孙艺人的父亲说。

闻听此言，日本军官骤然凶相毕露，恶狠狠地说："不带路，猴子死啦死啦的！"

与孙艺人的父亲朝夕相处的猴子似乎也看出了日本军官的蛇蝎心肠，一跃跳到主人的肩上躲了起来。日本军官见状，猛地上前拉扯拴在猴脖子上的铁链。谁知聪明的猴子猛地一口，咬着了日本军官的手指，疼得他嗷嗷直叫。只见一名日本兵跃步上前，举起枪用刺刀猛地一挑，猴子当即从主人肩上摔落下来，一摊鲜血裹着一堆肠子涌在地上。

见状，孙艺人的父亲怒火中烧，抱起猴子痛哭不止。

旁边，日本军官不停地狂叫，要猴子的主人立即带路前往山中某镇，扬言误了战机就砍他的脑袋。

"这只猴子跟了我十年，总该让我送它一程，帮它入土为安吧！"不等日本军官点头，孙艺人的父亲抱起猴子向旁边的玉米地一步步挪去。他估摸着走出了一段距离，猛地拔腿便跑。

日本军官见势不妙，下令向玉米地开枪射击，可怜的耍猴人右臂和左腿多处中弹倒地，鲜血如注，与猴子的血融入在了一起。赶来察看的日本兵以为他已毙命，又迅速撤回。

朦胧中，孙艺人的父亲听到那队日本官兵向西逃窜了。过了好一阵，孙艺人的父亲醒来，强忍伤痛，找了一高岗处掩埋了猴子，就近找一村庄包扎了伤口，拄着一根木棍一瘸一拐地昼行夜宿，一路乞讨，半个多月后赶回河南老家。不久，因伤口严重感染引起多种并发症，不满五十岁的他撒手人寰。临终，他一再叮嘱儿子："猴子是我们孙家的有功之臣，是我们孙家几代人的饭碗，是保护我们孙家世代平安的守护神，每年清明节给我扫墓时，别忘了面朝北方给客死他乡的猴子烧把纸钱……"

孙艺人做到了，并且一直默默地坚守着。

父亲故去的第三年，日本投降了。那年，孙艺人也到了父亲独闯江湖

远/去/的/老/行/当

的年龄。他把祖辈传下来的耍猴道具清理了一番,从别人手里买来一只训好了的猴子,承袭父辈的手艺,干起了耍猴行当。

不去黄河水,不知浪涛急。亲自干上耍猴这一行,孙艺人才真正体会到父辈的艰辛和不易,才深刻理解爷爷为什么非要与猴子同葬一墓穴,父亲为什么叮嘱给客死他乡的猴子烧把纸钱。

第一次撂摊演出,铜锣响后,人们蜂拥而至,把不大的场地围了个风雨不透。演出开始,孙艺人牵着猴子,双双给观众鞠躬致谢。接着,在主

"半耳孙"的猴戏大展新意,特别是他表演的"猴走钢丝""猴骑车走钢丝""人猴互动耍叉""猴子骑球耍叉"等新编节目,备受欢迎。

李云峰 绘

人指挥下,猴子表演立正、稍息、敬礼,表演坐、卧、跑、跳,表演翻跟斗。一轮表演完毕,主人牵着猴子,举着铜锣转着圈收钱,嘴里不停地念叨:诸位大爷大妈、叔叔婶子、大哥大嫂,本人初来此地,请老少爷们儿多多帮衬,给我和猴子凑口饭钱,一毛两毛不嫌少,仁心大爱天知道……一圈下来,铜锣里没有几个钱。孙艺人并未懊丧,把钱倒进布袋,重新敲响铜锣,开始第二轮表演。只见主人牵着猴子,将上轮立正、稍息等系列节目重新演了一遍。演毕,主人举起铜锣再度收钱时,人们纷纷散去,边走边嘟囔：老一套，没什么新玩意儿……留下来的，都是些衣兜比脸还干净的半大小子。孙艺人只好收摊换地方。

第二次演出，铜锣响后，人们还是蜂拥而至。然而，刚表演完立正稍息第一组模仿节目，猴子便蹲在地上，拉了一堆稀便在场中。人们有的掩鼻而去，有的"哇哇"叫个不停。主人立即锄掉猴子粪便。然而，再敲锣准备继续表演时，猴子却一动不动，坐在地上显痛苦状。事后主人有悟，原来三日连降大雨，采来的植物浸了水沾了泥，猴子吃了不洁食物导致肠炎。这一次演出只得作罢。

第三次演出，铜锣响后，人们依旧蜂拥而至。由于主人及时调理，猴子肠胃毛病已愈，表演还算顺利。谁知道接近尾声，一小男孩举着一只苹果挤进前排，猴子发现后挣脱主人手中的铁链猛地扑向小男孩儿，抢了苹果不说，还把人家的新衣服扯下一只袖子。小男孩儿吓得哇哇大哭。孙艺人赶紧拉回猴子，举起皮鞭一阵痛打。最终，孙艺人向小男孩家长道了歉，赔了衣服，又多给了一点惊吓钱。演出依然以失败告终。

三次演出连遭失利，孙艺人不得不回到家中闭门思过。最终找出三次出师不利的缘由：一是节目陈旧，缺少创新；二是慢怠了猴子，饮食过于简陋；三是思想麻痹，忽视了安全。

自此，孙艺人细心观察猴子的饮食起居，掌握习性，摸索规律，注重营养搭配，讲究食料卫生。每到一地，先用绳子围起场子，在绳圈内一米处表演。表演前向观众交代把手中食物藏好，不可让猴子发现，以防不测。当然，他花时间长、下功夫最大的还是在节目创新上。

为改变立正、稍息等老几样的模仿节目，孙艺人走访了十几位耍猴老艺人，参观了多个马戏团、杂技团的表演。

眼界开，思路宽，灵感出。孙艺人把杂技团走钢丝的节目借鉴过来，训练猴子走钢丝、猴子骑车走钢丝；把马戏团的马上耍叉节目借鉴过来，练习自己和猴子互动耍叉……

那些日子，孙艺人和猴子日夜苦练，双双力倦神疲。一日，正练习人猴互动耍叉，突然，猴子莫名狂躁起来，将飞叉猛地向主人头部投去。孙艺人还算躲闪及时，飞叉从左耳部穿过，将耳垂部削去一块杏核儿大的肉，治疗月余才痊愈。自此，孙艺人又多了个"半耳孙"的雅号。

苦尽甘来。半年的修炼，"半耳孙"的猴戏大展新意，在附近诸多猴戏艺人中可谓木秀于林，无与伦比。特别是他表演的"猴走钢丝""猴骑车走钢丝""人猴互动耍叉""猴子骑球耍叉"等新编节目，备受欢迎，场场爆满。自此，"半耳孙"的生意格外红火，有时在同一个村连演几场。我们那些半大小子看了一场又一场，甚至尾随几公里路赶到别的村看他的演出。

我最后一次看孙艺人的猴戏是20世纪60年代初。一年的八月，我和村里另外两个青年报名参了军。村党支部为表彰我们响应党的号召，踊跃报名参军保卫祖国，原打算由村业余剧团为我们专场唱一台大戏，因几名主要演员或病或外出，没能成行，最后决定请县电影队晚上为我们演一场电影。听说孙艺人正在邻村表演猴戏，村长临时把他请来为我们加演了一场。自此，我投身军营献身国防数十载，再没有看过猴戏，再没有见过耍猴人。

如今，国家重视人与动物和谐相处。猴子中有很多种也被列为国家二级保护动物，想必耍猴这一行当早已被取缔。那么，孙艺人现在何方？

耍叉

"咚咚咣，咚咚咣……"锣鼓家伙一响，人们知道"四指刘"夫妇又来村上耍叉卖艺了。大人们放下手中的活计，跟在孩子们屁股后边，来到村中老戏台前的广场上，观看这位能人"四指刘"的耍叉表演。

叉，也叫花叉、云叉或飞叉，在一根六尺长、比擀面棍稍粗的圆木顶端安三齿铁片刀，刀柄与圆木连接处装上圆形的活动铁片，抖动叉时铁片发出哗哗的响声。圆木一端装三齿铁片刀的叫单头叉，两端都装的叫双头叉。

花叉是古代兵器之一，也作宫廷娱乐仪式工具。早年多为武士操练耍叉，表演叉技，后来传入民间，成为大众喜闻乐见的杂技表演节目。声名远播的当属河北文安苏桥飞叉会，规模大，活动多，套路全，功夫硬。据说是清同治年间山西人张玉春所传。

走街串巷耍叉卖艺的"四指刘"是何方大侠，不得而知，大人们说，听口音是河北文安一带人。这位刘艺人右手拇指从根部短缺，所以得了"四指刘"的雅号。

说起刘艺人右手拇指短缺，其中有一段感人的故事。

1943年秋的一天，刘艺人夫妇正在一村中打场子耍叉，一队日本兵赶来，领头的小队长见花叉飞转，响声悦耳，便停下来想看个热闹。

日本人来了，乡亲们散了，刘艺人夫妇收拾道具也准备撤离。小队长跨前一步说："你的，技术高高的，我请你到我的营地表演，顺便教教我的弟兄。"

"我靠耍叉卖艺养家糊口，耽误一天，爹妈就没有饭吃。"

"没关系的，皇军给你钞票的。"

眼看没了退路，刘艺人急中生智："既然皇军给钱，我们愿为皇军效劳。不过，为皇军表演就得拿出真功夫、硬节目，您稍等片刻，让我媳妇回家取压箱底的道具，不远，一会儿就回来。"他给媳妇使了个眼色，示意让她赶紧逃，以免跌入虎穴狼窝。

"好的好的，快去快回！"日军小队长发出一阵狂笑。

十分钟过去了，半个小时过去了，仍不见人影。小队长知道上当了，恶狠狠地说："你的，良心坏了坏了的！"说完，用手一指，两个日本士兵架着刘艺人向西山走了。

到了营地天色已晚。小队长交代刘艺人做好准备，明天开始表演，顺便教日本兵手艺。

这一夜，刘艺人辗转反侧，思忖明日如何对付日本人。

第二天早饭后，小队长集合起了队伍。表演之前他先训话："从今天起，我们的任务除了打仗，就是观看中国朋友表演耍叉。你们要认真看，用心学，把这门技术带回我们大日本帝国，与我们的武士道精神融合，将是不可战胜的战斗力……"

训话结束，表演开始。只见刘艺人一个箭步向前，脚尖朝着横躺在地上的花叉猛地一挑，花叉飞转着落在双臂上。接下来，开始表演"怀中抱月"。只见他弯曲一只胳膊，花叉直立在臂弯中飞快旋转。一会儿，他身体逐渐左斜，直至左臂撑地，花叉仍在右臂弯中飞速旋转，哗哗响声清脆悦耳。

日本兵看得目瞪口呆，嘴里叽里呱啦不知说些什么。小队长一边狂笑一边鼓掌。

刘艺人擦掉头上的汗水，一边作休息状一边向小队长解释说，下面要给大家表演"空中飞叉"，这是他的看家本事，好看，但是难度大，有一定的危险，为了让皇军高兴他才表演这个节目的。

同样，刘艺人用脚尖踢起横躺在地上的花叉，花叉立即在双臂上来回旋转。在一阵哗哗作响中，只见花叉翻着跟斗向空中飞去。刘艺人身体后仰，脸面朝天，等待花叉落下。不知是用力不足还是用力不匀，待他双手接叉时，花叉竟直立着落下，锋利的叉尖直切入他的右手拇指。只听"哎哟"一声，随着花叉落地，鲜血四溅，刘艺人应声倒下。

正在旁边观看表演的日本队医立即上前，见刘艺人的右手拇指断裂，伤势严重，建议送当地医院救治。

小队长同意外送。临行前，刘艺人对小队长说："耍叉是个危险的行当，尤其是耍叉人的头和手，负伤致残的几率非常大，我师父耍叉削掉一只耳朵，我两个师兄、三个师弟先后被削掉五根手指，所以不是生活所迫不能学这个，尤其你们当兵的，没了耳朵怎么听口令？没了手指怎么打枪？"

小队长见刘艺人手上的血还滴滴答答地流着，示意队医赶快把人扶走，

远／去／的／老／行／当

「四指刘」不是靠手有残疾引人同情求得几个钱财，而是靠硬功夫真本事使观众自愿掏钱捧场。

李云峰 绘

送医院救治。

进了中国人的医院，刘艺人喜出望外。他转过身去，一咬牙，猛地将那只断指揪了下来扔到地上，边让医生包扎边述说断指缘由。

半个多小时后，日本队医进诊室看治疗情况，发现只有医生没有伤员。队医急了，问伤员哪里去了。医生解释说："伤员失血过多，疼痛过度，手术没做完就死了，已送太平间，留下了这根手指，我正准备和您一起去太平间验明正身呢。"

日本队医摇摇头，拿起那根指头走了，向小队长交差去了。

获得了自由的刘艺人日夜兼程赶回老家，找到早已逃回老家的媳妇。在老婆的精心调理下，两个月后，刘艺人的伤势大有好转，开始操练耍叉了。半年后，夫妻俩又开始走街串巷打场子耍叉卖艺，只是刘艺人改名为"四指刘"。

"四指刘"不是靠手有残疾引人同情求得几个钱财，而是靠硬功夫真本事使观众自愿掏钱捧场。他没有停留在师父传授的几套路子上，而是冥思苦想改革创新，把老路子玩出新意。比如"小鬼推磨""苏秦背剑""怀中抱月""就地十八滚"等套路，他都加入了新的元素。拿"怀中抱月"来说，师父教的是花叉在两臂弯处直立旋转，他经几个月苦身劳形，练出坐在高桌上举起双腿，在腿弯处旋转花叉，使难度加大，动作新颖。再拿"苏秦背剑"来说，过去是平地上将旋转的花叉由臂部移至后背，花叉高出头部两尺在背上左右旋转，现在这套动作改为踩在三尺高的高跷上表演。

"四指刘"不仅追求新颖，增加动作的难度，还想方设法把花叉的基本动作如迎面花、手串儿、倒流水等融合在一起，穿插成一个个故事情节，引领观众身临其境、陶醉其中。比如，他把《西游记》中孙悟空三打白骨精的故事改编成"悟空捉妖"，由老婆扮演妖精，"四指刘"扮演悟空。老婆手拿点燃的松香杆，口含汽油，时不时朝松香处喷出一口，骤然场子里烟雾缭绕，妖精在烟雾中时隐时现，悟空边耍叉边追，连续几个回合，直至将妖精捉拿在手。有情节、有人物，加上花叉的精彩动作轮番出现，亦真亦幻，甚是精彩。

大千世界，芸芸众生，各有各的理想，各有各的命运。"四指刘"玩转了花叉，花叉也拯救了"四指刘"的人生。

20世纪50年代末，县里举行大型"七十二行擂台赛"活动，庆祝各乡镇人民公社成立。三个赛场上，各行各业高手登台展演，有花叉会、大鼓会、跑旱船、踩高跷等多项集体节目，有木工、裱工、锔碗、刻字等个人项目，还有抬花轿、唱喜歌、拉洋片、说评书等，可谓人人出手不凡，项项美轮美奂，观众大饱眼福，拍手叫绝。

擂台赛最后一天，"四指刘"作为嘉宾被组委会请到主会场，为各路高手表演耍叉。那天，他精心打扮了一番：上身穿一件贴身短袖雪白府绸汗褂，下身穿一件灰色府绸灯笼裤，腰间扎一红色宽带，一白色羊肚手巾卷成锅圈状扣在头上，脚蹬一双黑色尖口软底布鞋。一亮相，台下掌声雷动，呼声震天。但见飞叉上下翻滚，前后穿行，白光闪耀，酷似流星。"鲤鱼打挺"干净利落，"小鬼推磨"刚柔相济，高桌"双腿抱月"惊喜连连，高跷"苏秦背剑"新颖别致……

好个飞叉流星！真个硬功夫真本事！观众沸腾了，台下雷动了，掌声呼声持续十几分钟。最后，评委会全票通过，授予"四指刘"传承传统文化"特别贡献奖"。

人们哪里知道，这是"四指刘"最后一次登台表演耍叉。明日一早，他将走上手术台接受胃癌切除术……

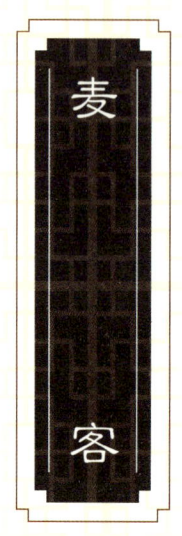

麦客

农业合作化前,我的家乡房山流行着一特别行当——麦客。顾名思义,麦客就是麦熟时节为别人割麦子,凭力气换取收入补贴家用的人。据史料记载,麦客这行当早已有之,至少在明清时的中国地方志中就有记载。

我国幅员辽阔,南北、东西温差很大,南部、东部的麦子熟了,北方、西方的麦子还在吐穗灌浆。

麦熟一晌,杏熟一时。麦子熟了就要及时收割,不然赶上风会倒伏,遇上雨会发霉。农人常说的"抢收抢种"就是这个意思。

麦收时节时间紧、任务重，有些家庭人手不足，便请麦客到家里帮忙收割麦子，按时间或亩数付给工钱。

　　常到我家乡来的麦客大都是河南或河北南部的农人，那里的麦子熟得早，他们家里完了场便北上当了麦客。我小的时候，每到麦熟时节，常见成群结队的麦客从南边涌来，队伍中有父子、有兄弟，也有夫妻相随。他们衣着简陋，头发蓬乱，黝黑的脸庞却堆满了笑。他们随身背一被卷儿，被卷儿上别一把镰刀和一块油石。进得村来，集中在村中央庵庙的屋檐下，或坐或卧，手拿草帽扇风解凉，一边谈天说地，一边等待雇主，犹如难民一般。有人走过来了，他们一拥而上，自我介绍，幸运者被人相中，谈好价钱跟人走了，其他人散去回到被卷儿上接着聊天，等待下一个雇主到来。

　　一般情况下一两个麦客半天或一天就能割完一户麦子，除非财主家地多，需要连续割几天。雇主大都会管饭，饭食也都尚好，但不留宿，所以麦客夜间只能自寻庙宇借宿檐下。

　　麦客是靠卖苦力吃饭的。进了小满节，中午太阳几乎顶在了头顶，天气干热。正是这火辣辣的太阳烤炙着田野里的小麦，催促着麦子成熟。到了芒种节，麦子变成了金黄，沉甸甸的麦穗开始低下了头。芒种刚过，就开始收麦子了。我们那里农谚讲，"芒种三天见麦茬"。

　　收麦子一般天刚蒙蒙亮就开始，这时麦子上有露珠，有雾气水气浸着，麦穗不易掉。太阳出来后，天气渐渐热起来，特别是到了中午，能把人热晕。尽管这样，麦客依然不停歇，他们都想多割一亩多挣个把钱。

　　麦客割麦子有个程序：先连根拔起一把麦子，两手一拧打个结铺在地上，他们管这叫"腰儿"。然后弓下腰，左手揽一缕麦子，右手用镰刀从根部割，只听"唰"的一声，麦子应声断掉，放在准备好的"腰儿"上，十几缕凑在一起，两手提起"腰儿"一拧，一捆麦子成了"麦个儿"，头朝上立在麦地上。一垄割完到了地头，直起身抻抻腰，抱住雇主送来的水罐咕咚咕咚喝几口，用巴掌一抹嘴，接着干起来。

小麦周身带有芒刺，麦客们忙活一天下来，头上、脸上、臂上、腿上到处沾满芒刺，麦芒、麦秸勒刺留下道道血痕、片片红肿，汗一浸火辣辣地疼。晚上收工后，他们挤出洗洗涮涮的时间，借着月光，沾上水，在油石上磨镰，不时用手指肚从镰刃上掠过，试试锋不锋利，十分执着认真。他们说，麦子养活了全世界那么多人，它对我们有恩，刀口锋利些，麦子少痛苦。

嚓嚓——嚓嚓，一群麦客聚在庙前磨镰，那声音煞是悦耳动听，如同一曲别具特色的轻音乐。乐曲落幕，新的战斗的一天又开始了。

就是这样，麦客作为那个时代京郊大地上特别的生态现象，犹如候鸟一样，从南向北迁徙劳作，流血流汗，卖力养家。可以说，每一名麦客都有一段生动感人的故事。

有一年，河北邢台一对兄弟俩麦客来到我们村。这天正在庙前等待雇主挑选，村里一家最大的财主来到庙前，站在高台上大声说："我家今年种了二百多亩麦子，收得差不多了，还有二十几亩，有愿意干的到我这儿面试！"

财主话音刚落，麦客们一拥而上。也许因邢台兄弟俩人高马大，一眼被财主相中。

兄弟俩高兴极了。哥哥对弟弟说："东家看得起咱，咱也要对得起东家，没别的，把活干好。"于是，兄弟俩早出晚归，挥汗如雨，紧割轻放，颗粒归仓，每天收工时还扛几捆麦子带回场院。

一连三天，兄弟俩干净利落地把剩下的二十多亩麦子收完了。这天晚上兄弟俩去结帐，财主翻了脸："怎么，还想要工钱？没把你们俩送局子是我心善，赶紧收拾东西滚蛋！"

兄弟俩丈二和尚摸不着头脑，问："你这话怎讲，凭什么不给工钱还要送局子？"

啪！啪！啪！财主在地上磕掉烟锅里的灰，恶狠狠地说："你们来的第二天,我家佣人小翠去地里送水,你们对她动手动脚,羞得小翠哭着跑了回来。我念你们活干得不错,没报官把你们送局子,你们说是不是我心善?要我说,你们赶紧滚,要不,我可不客气了!"

原来,财主收买了小翠,编导了一出"美人计"。兄弟俩知道遭了讹,有理难辩,白白辛苦了三天,含着泪离开了财主家。

回到庙前,一位年长的麦客告诉兄弟俩,这家财主蛇蝎心肠,每年用同样的手段坑害了不少麦客。

辛酸泪不都是麦客的专利,他们当中也有幸运儿。

这天刚擦黑儿,庵庙前照旧聚了一群来自四面八方的麦客。不一会,走来一位四十七八岁的盲妇。来到麦客近前,盲妇生怕大家没发现她的到来,盲杖把地戳得咚咚响,高声说:"我盲婆子孤身一人,家有四亩麦子,明天一天割完,按今年的行情付钱,运到场院,多加四元,脱粒打完,再加四元,归仓入囤,还加四元……"

"这活我干!"

"我包了,保您满意!"

没等盲妇说完,麦客呼啦啦围了上来,你呼我唤,人声鼎沸。

盲妇侧过脸仔细听着麦客们自荐表决心。片刻,她表态了:"听得出,你们当中有个年轻后生,我劝各位大哥就别争了,出来混饭吃都不容易,就把这活儿给这位最小的后生吧!"

麦客们连声说"中""好""沾贤"。

那个小后生姓石名村,年方十七岁,见盲妇点名雇他,高兴得连蹦带跳,背起被卷儿,冲到盲妇跟前,像孩童在母亲面前撒娇一样,摇着盲妇的胳膊说:"请大娘放心,我一包到底,保您满意,活干不好不收您半分钱!"

石村搀着盲妇,转眼来到她家。

别看雇主是个盲人,屋里屋外收拾得干干净净,井井有条。院子不大,

坐北朝南三间土坯房,东侧一间简易棚子,里面堆满煤、柴、常用农具。西侧是厕所和猪圈,圈里一头小猪正欢快地吃食。屋里摆设简单但协调整洁,迎门靠北墙摆着一张方形饭桌,桌两旁各放一把木凳,桌上摆着碗筷,一块白布盖在上面。灶台连着土炕,一口不大的铁锅里正腾腾冒着热气。土炕正面窗户两侧的墙上,各贴着一张抱着大金鱼的胖娃娃年画。

"孩子,先吃饭,吃饱喝足上炕歇着,明天一早就下地割麦子。"盲妇边说边忙活,不大工夫饭菜上了桌:炒茄子干,炒土豆片,鸡蛋汤,白面玉米面混合馒头。

石村虽说当麦客时日不多,可也跑过几个村子,从没见过雇主给麦客这样好的饭食,感动地说:"大娘太客气了,庄稼人不挑食,填饱肚子就行了,不能让您破费。"

"哪里哪里,割麦子费力气,饭食跟不上不行。我一年到头口紧肚攒,

远去的老行当

麦客磨镰刀十分执着认真,他们说,麦子养活了全世界那么多人,它对我们有恩,刀口锋利些,麦子少痛苦。

李云峰 绘

为的是'两节'换换口味,一是春节,二是麦节。你尽管吃,别给大娘省着。"

石村像掉进了蜜罐里,感觉周身都是甜的。那一夜,他做了好几个梦,梦见了故去的爸爸妈妈,梦见了远在河南的姐姐,梦见自己有了媳妇生了儿……

鸡叫头遍,石村从睡梦中醒来,见盲妇还在呼呼大睡,穿好衣服蹑手蹑脚走到院中,沙沙地磨起镰刀。不一会儿,盲妇也收拾停当来到院中。其实她早醒了,只是没有惊动后生,想让他多睡会儿。

东方刚刚出现鱼肚白,一老一少便来到麦地。盲妇举起盲杖指着眼前麦地说:"这块地就是我的,总共十垄,向北直通到水坑边。今年春上雨水足,麦子秸秆粗,吐穗早灌浆满,劳驾你卖卖力气,丰产还要帮我丰收。你先割着,我回去给你做午饭。"说完,盲妇离开麦地回家了。

晨光熹微。在一片金色的海洋里,这位还带着乳味的后生弓背弯腰,一缕缕一镰镰收获着丰收的果实。身后一垄垄麦茬似刚刚理过的头发，齐刷刷地贴在地皮上，割断处泌出些许汁液，甜滋滋的，刚刚裸露的地皮散发出一股股泥土的芳香。

有道是，情到深处爱自溢。受到深爱的麦客石村"不用扬鞭自奋蹄"。还没到中午，四亩麦子就割了一半。就在他加油赶进度的时候，地头传来动听的歌声：

"芒种节，麦子熟，财主吃白面，穷人喝菜粥……"

石村直起腰，手搭凉棚循声望去，啊，是盲妇。他接着盲妇的节拍唱了下去：

"芒种节，麦子熟，财主乐开怀，穷人泪水流……"

盲妇听到后生的歌声，停住了，怔住了，赶紧来到麦地中央问："这位后生，你怎么也会唱《麦子歌》？"

"我妈妈教的，我从小就会唱。"石村答道。

"不对，这歌是我编的，除了我死去的丈夫和儿子，别人不会唱，快告诉我是怎么回事？"

十四五年了，石村没向任何人谈过自己的身世，盲妇一再追问《麦子歌》的事，他只好如实道来。

那是日本投降前夕的事。这年冬季的一天，日本鬼子连着三次吃了八路军的败仗，疯狂报复京西一带百姓，到处烧杀抢掳，老百姓携儿带女向山里躲逃。

眼看春节快到了，被日本人抓去到煤矿干活的石姓劳工惦记远在河南老家的老婆和女儿，趁鬼子不注意逃出了煤矿，借着月色沿山脚向南跑。跑着跑着，忽然听到有个小孩在哭，声音嘶哑、微弱。他循声跑了过去，只见树丛中躺着一壮汉，怀里紧紧搂着一个看上去两三岁的小男孩，一行血迹通向山下。石姓劳工估摸着壮汉是逃荒路上中了日本鬼子的枪弹，为了给孩子一条活路，壮汉在生命的最后阶段，忍着剧痛把孩子拖进树丛，盼望有人发现救出孩子。

不由多想,石姓劳工抱起孩子继续向南赶路,一路讨要,辗转一个星期赶回河南周口老家。从此,小男孩成了石姓劳工的儿子,取名石村,一家四口安然度日。

说到这儿,石村哽咽了,再也说不下去了。他抬起头眺望远方,似乎在寻找远方的家和远方的妈妈。

听到这儿,盲妇惊呆了。十几年前抱着儿子的丈夫失散在逃荒路上,后来只找到了丈夫的尸体,儿子活不见人死不见尸。莫非儿子活着?莫非眼前这后生就是我可怜的儿子?嗨,世上哪有那么巧的事!盲妇自己否定了自己的想法,让后生继续讲他的故事。

石村说,他的河南老家有妈妈,还有一个比他大八岁的姐姐。父母非常疼爱他,有什么好吃的都留给他,还供他读了六年书。有一年中原大旱,庄稼颗粒无收,父母带着他和姐姐逃荒要饭,讨了饭食父母舍不得吃,让给他和姐姐,一连多日,连病带饿,父母先后死在了讨饭路上。后来,姐姐带着他,边讨饭边打听,返回到周口老家。从那以后姐姐和他相依为命,过着十分艰苦的日子。直到家乡解放,他家分了几亩地,姐姐早起晚睡侍弄地里的庄稼。生活有了保障,姐姐叫他继续读书,他说他是男子汉,要和姐姐一起劳动,要和姐姐共同挑起家里的担子,多打粮食过好日子。随着年龄一天天大了,日子一天天变好了,他说自己能养活自己了,劝姐姐成个家。姐姐说,父母不在了,她要陪他长大,陪他娶妻生子后,她才嫁人。

讲到这里,石村又哽咽了。

多善良的一家人啊!盲妇听着想着,不由自主地又把后生和自己联系起来。这次,她不想再否定自己了,直截了当地问:"我的儿子活着的话和你一般大小,我想,你就是我的儿子!"

"不可能,不可能,我妈妈眼睛大大的,能在月光下给我做衣服,还认识不少字呢。"石村一边摇头一边说。

"我也认字,刚才唱的《麦子歌》就是我编的,还教会了我的丈夫和儿子,你不是我儿子怎么会唱《麦子歌》?"

听盲妇这么一说,石村也疑惑起来,可他不解的是,记忆中的妈妈浓眉大眼,绝不是个盲眼妈妈。他用这个理由否定了盲妇的判断。

盲妇把石村拉到地头一棵老枣树下,边乘凉边讲起了她的故事。

七七事变后,日本人在京西烧杀抢掳,乡亲们只好往山里逃躲,谁知与丈夫和孩子跑散。后来多日不见丈夫归来,乡亲们进山寻找只找到了丈夫的尸体,不见儿子踪影。从那以后,盲妇天天以泪洗面,边哭边在大山里呼唤儿子的乳名"春儿",因为他是立春那天生的。一连几个月,仍没有儿子音讯。乡亲们说,才两岁多的孩子,就是不被日本鬼子打死,也早被狼吃了,还能活到今天。在乡亲们的劝说下,盲妇死心了,然而从此双眼也就失明了。

听完盲妇的故事,听盲妇谈起乳名"春儿",石村忽然回忆起河南石姓父亲把自己抱回家问自己叫什么名字,那时石村不知道姓什么只知道叫"春儿",也许自己咬字不清,父亲把春听成了村,因此给自己取名石村吧。

"苍天变化谁料得,万事反复何所无。"各自一番详述后,盲妇和石村似乎都觉察出了什么,感情的闸门突然同时打开了。"妈妈!""我的孩子!"两声呼唤同时响起,一老一少紧紧地抱在了一起。这一呼唤划过金色的麦浪,直冲九霄;这拥抱将两股血脉融通,骤然沸腾……

四亩麦子很快割完、打净、入仓。

娘俩经过一番合计,报请村委会同意,不久,石村和他远在河南的姐姐一同搬到了盲妇家。从此,一家三口日出而作,日落而息,互敬互爱,其乐融融,像一块经过高温锻打的钢锭,撕不裂扯不断,令邻里乡亲好不慕仰。

生活创造了麦客,麦客改造着生活。那是一段历史,一段合作化之前农村大地上萌生的辛酸史、幸福史……

小人书摊

　　村东有一片高台,高台上有座天王庙。天王大殿坐东向西,持国、增长、广目、多闻四大天王殿中一字排开,镇东南西北四方,护风调雨顺、五谷丰登,教化众生、国泰民安。出庙门向西,二里长的主街道直达尽头,左右两边大同小异的土坯房向两边扩延,形成了京郊一个古老的村落。

　　此庙由谁所建、何时落成不得而知,只知道自有此庙,全村近四百户、三千多口人并无受益于四大天王,世代仍战事不断、鸡犬不宁,连年旱涝、民不聊生。1949年,村里最早的一名共产党员牵头,拉倒了神像,清理了大殿和南北厢房，建成了一座初级小学校。我初小一至四年级就是在那里读的。

出小学大门向前走两百多米有个石头坡，爬坡上去靠右有个五米宽、十米长的平台，一棵古槐长在中央。古槐枝繁叶茂，把平台遮了个严严实实。平台边沿摆放了一圈青石，是村里老人们聊天纳凉的地方。平台一角，是一个书摊先生固定摆书的地方。

先生坐自带的小板凳，眼前铺一块长方形蓝布，上面摆满各种各样的小人书。每天学校放学后，孩童们总是围上来争相租看小人书，擦黑儿了才恋恋不舍地背起书包回家。

书摊先生六十岁上下，上身穿一件白色对襟洋布褂，下身穿一件黑色粗布裤，脚穿一双尖口千层底黑布鞋，清瘦高挑，满脸慈祥，邻村人氏。据说早年在村里教私塾，学生是两家财主的小少爷。1949年以后取消了私塾，开设了学堂，年龄关系，先生没有再进校教书。但他离不开孩子，离不开传道、授业、解惑。于是，他花去多年的积蓄买了几箱子小人书，轮换着在附近几个小学校周边摆书摊，供孩子们课外阅读。

书摊先生知识渊博，不但租书给小学生们看，还传授有关小人书的知识。他讲，小人书又叫小书、公仔书，是连环画的一种，用一幅幅图画加上简洁文字叙述故事、刻画人物，是一种古老的汉族传统艺术。它的历史可以追溯到汉朝的画像石、北魏的敦煌壁画等。到了宋代，随着印刷术的完善和普及，画像石、壁画向写本、图书发展，逐渐形成了一种老少皆宜的通俗读物。

书摊先生摆书摊不图赚钱，纯粹为了向孩子们传授知识、启蒙智慧。在他的书摊看书，交一分钱随便看，一直到天黑看不见为止。家庭条件稍好的孩子曾经买过小人书，看过多遍不愿看了，可以送到书摊上供大家看，从此随便看他的书，不用出租金。什么时候不想看了，再把那本自买的小人书拿回去。

那时我家穷，既没有钱租书看，又没有自买的书换书看，每天放学后围在书摊先生周围，听他讲关于书、关于文化知识的故事。

这天，书摊先生讲了这样一个故事：他家祖辈很穷，从太祖父那辈起就没有读过书，到他父亲那辈，连自己的名字都不认识，靠给财主家扛活养家。一天，财主老婆把书摊先生的父亲叫到屋里说，她看他干活好，不偷懒，于是给他介绍了个媳妇，约好后天姑娘的爹妈来见面。她叫他明天进城到同升祥布店扯块布，做身像样的衣服，体体面面地见姑娘爹妈。财主老婆递过一个信封，说她和布店老板说好了，先扯布，过后她付钱，让书摊先生的父亲拿着这封信去取布就是了。

书摊先生的父亲接过信，千恩万谢财主夫人，高高兴兴地去了。

谁知，这竟是财主家精心设计的一个圈套。

原来，县上派下任务，各村出十名劳工给日本人修炮楼。布店老板的弟弟给日本人干事，眼下正负责抓劳工修炮楼。财主家男人多，按规定该出一名劳工，全家人一商量，便想出让书摊先生的父亲去顶替这一招儿。书摊先生不识字，拿着财主老婆的信去了，结果自投罗网，送上门了。

书摊先生的父亲当天夜里被押到五十里开外的刘村。从那天起，他受尽了苦、遭透了罪。早晨天不亮就起床，被日本人用枪押着进山开石头。一共百十号人，两人一组，一人扶钎一人抡锤。书摊先生的父亲年纪轻些，被安排抡锤打钎。把头一上午不让休息，说是赶工程，中午坐在石头上啃两个凉窝窝头喝一碗稀菜汤，下午接着干。晚上收工时，每人还要背一块石头回来。

劳工们活重吃不饱，个个体质下降。一天，书摊先生父亲刚把铁锤抡过头顶，眼前一黑倒了下去，顺势滚下了山。醒来只觉得右臂黏糊糊的。脱下衣服一看，胳膊被石头砸伤了，白花花的骨头露出二指长。工友们报告了把头，把头报告了监管的日本兵。好大一会来了个背药箱的日本人，抹了点药水，简单包扎一下就走了。书摊先生的父亲忍着疼痛继续干活，只是和扶钎的老张换了个工作。

由于得不到很好的治疗和休息，书摊先生父亲的右臂伤口严重感染化脓，最后不得不锯掉成了残废。

半年之后，日本鬼子的炮楼修好了，书摊先生的父亲拖着一只胳膊含泪回到了家里，发誓即使讨饭吃也不再到财主家扛活。

书摊先生讲完父亲的故事，语重心长地对孩子们说："你们看，不读书行吗？没文化就受人欺负被人骗，把你卖了还帮人家数钱。我给你们讲这些，就是告诉你们要好好读书。读书识字长知识，让人灵光有智慧。有人说'穷不读书，富不养猪'，那是骗人的。常言说得好，'庙富栽松柏，家贫子读书'。越穷越要读书，读书才能拔穷根改命运。诸葛亮说'非学无以广才，非志无以成学'，讲的就是'学为先、书为本'的道理。好好读书吧。"

书摊先生的一席话，使大家开了窍，不仅上学听课认真了，下学后着了迷似的跑到书摊前看他的小人书。

这天掌灯时分，书摊先生收拾小人书装箱准备回家，发现石凳旁放一书包。心想，没了书包无法做作业，还影响明天的学习，孩子该着急呀？于是，他背起书箱、揣上书包挨家挨户打问，直问到第四十八户人家，才找到丢书包的孩子。这时天已大黑，书摊先生深一脚浅一脚地往家奔去。

我那时刚上小学一年级，还不识几个字，听不懂书摊先生讲的深刻道理，朦胧中只感到人要读书，读书才能看明白大事小情。从那以后，我不光听书摊先生讲道理说故事，还想租他的小人书看。可是，我家穷，拿不出一分钱租金，人家不让白看。

有一天，街中心的大槐树上贴了一张大红纸，大人们争相围着看，我问一位大伯上面写的什么，他告诉我说，南街李拴家养蚕，大量收购桑叶，不打条子给现钱，我听了暗自高兴：看小人书的钱有了！

一连三个星期天，我提着篮子拿着口袋，往返十里路上山采桑叶。山

小人书摊上面摆满了各种各样的小人书,每天学校放学后,孩童们总是围上来争相租看小人书,擦黑儿了才恋恋不舍地背起书包回家。

远 / 去 / 的 / 老 / 行 / 当

庄明正 绘

下的桑叶被人采完了,我只能往高处爬。年龄小,路途远,采多了背不动,每次采满两篮子就往回赶。

不多不少,三次采桑叶共卖一角钱。这天放学后,我连蹦带跳来到书摊前,刚想掏钱租书看,忽然又犹豫了:一毛钱,刚够看十次,不合算,还是听书摊先生讲故事吧。

邻居家大叔做烟叶买卖,常到县城取货。他的儿子和我同班,我把一角钱给了同学,让他转交他爸从县城买一本小人书回来。我的同学提出一个条件:买回来他先看。我答应了。

过了几天,同学告诉我,小人书买回来了,名字叫《渔夫》,是本神话故事。

等了一个星期,同学看完五遍后还给了我。我如获至宝,做完当天的作业就看书,直到把书中故事一字不落地熟练背出来。

又过了一个星期,这天放学后我拿着这本《渔夫》来到书摊前。书摊先生半个月没见到我,急忙问:"怎么,病了吗?"我摇摇头,把情况如实告诉了他。

书摊先生被我"采桑叶卖钱买书"的精神打动了,接过我的《渔夫》说:"书先放我这里,供大家看,你什么时候想拿回去都行,往后我这里的书你随便看,不收你钱。"

打那以后,书摊上的小人书我看了个遍,像表现文学名著、原著的《西游记》《水浒》《三国演义》《封神榜》《岳传》《西厢记》等,表现共产党土地政策、抗日斗争、宣传婚姻法的《铁佛寺》《铁道游击队》《鸡毛信》《狼牙山五壮士》《小姑贤》《小二黑》等,有的看了五六遍,最多的看了不下十遍,故事的情节、人物至今还能说出来、叫出来。

读书百遍,其义自见。就是那一本本小人书,打开了孩童们知识的大门,解开了孩童们朦胧的心结,潜移默化地影响着孩童们的智力开发和品德养成。

20世纪80年代中期的一年秋天，我从部队回村探家，一天晚上，与当年光顾先生书摊的发小们集聚到那棵古槐树下，开了一个没人主持的会。大家谈天说地，共叙在家、在外的所见所闻，当然离不开小人书，离不开书摊先生。

那个当年丢书包的同学，初中毕业后到了部队。一次参加保卫祖国边疆的战斗，被炮弹炸断一只腿，硬是忍着剧痛朝着北斗星的方向爬了五个小时，终于爬回祖国，找到了自己的部队。他对大家说，我当兵参军上战场英勇杀敌，就是听了书摊先生讲的那些道理，就是看了《狼牙山五壮士》那些小人书，如果祖国需要，我宁愿献上另一条腿。

那个叫李顺的同学当年看书摊先生的小人书最多，只是毛毛草草，不求甚解，先生没少给他讲"满则无求、骄则无知、惰则无进、浮则无深"的道理，用孔夫子"学而不思则罔，思而不学则殆"的教诲启发他，终于使他改掉了不求甚解的毛病，从此看书认真，多思多想，还写了两大本读书笔记呢。他高中毕业时还没恢复高考，回到村里当了村长。他说，这些年我越发感到科学文化知识的重要性，鼓励村里的孩子们努力读书，长大后为祖国的建设事业贡献聪明才智。为此，村委会做出决议，凡是考上大学的本村学生，学费村里全包，每人还奖励五千元，全村人敲锣打鼓欢迎，派专人专车直送学校。大家听了很是振奋，一个劲儿给他鼓掌。

还有一对男女同学，初中毕业后回乡务农，早晨一起出工，下晚一起收工，形影相随，含情脉脉，几年后喜结连理。大家让他们谈谈迟到的恋情，男方一个劲儿摆手摇头，还是女方爽快，唱了一曲评剧《小二黑结婚》中"小芹河边洗衣裳"，大家拍手叫好。不知谁喊了一句：分明是看了《西厢记》小人书学崔莺莺与小张生，演了一场"凤求凰"吧？逗得大家一阵狂笑。

这些当年的小人书迷们，只有我还在部队服现役。在大家的热烈欢迎中，我也谈了小人书对自己的影响。我说，大家还记得当年看了无数遍的《铁道游击队》这本书吧，我参军后见到书中主人公王政委的原型啦，他现在是我们师的政委。那年咱们县共有一百五十人参军,到部队的第一堂入伍教育课就是政委讲当年铁道游击队的故事。我还告诉大家,当年那些小人书启迪了我、感染了我,到部队后也学着用这种形式启迪、教育连里的战士。于是,训练之余学着编写小人书脚本,竟真的学会了、写成了。说着,我掏出一本由"河北人民美术出版社"出版的小人书《宝壶和宝棍的故事》给大家看。大家抢过去争相传阅,纷纷说:当年你要有这把刷子,咱们何必掏钱租书看呢?

欢声笑语中饱含沉思,充满追忆。

月上梢头。大家不得不散去,带着书摊先生当年挂在嘴边上的唐代名臣、杰出的书法家颜真卿先生的那句教诲,悻悻地散去——

黑发不知勤学早,白首方悔读书迟。

说书队

每当从广播电台里听到袁阔成、单田芳、刘兰芳、田连元等评书艺术家气宇轩昂细说长篇评书时,我就情不自禁地想起儿时家乡那队说书人。

中华人民共和国成立初期,随着农业合作化运动的到来,农人对文化的需求也日趋加大。为此,县上要求每个镇设一名文化助理,主抓全镇的文化工作,如乡村文化活动室建设、业余剧团建设等。我们那个镇的说书队就是那时成立并开展工作的。

镇里的说书队由四名成员组成,都是盲人,来自本镇两个自然村。其中潘姓、杨姓两位盲人来自同一村，都五十岁左右，一个弹三弦，一个敲扁鼓，是一对最佳搭档组合。另外两位盲人姓赵，是一对父子，父亲四十岁左右，儿子才十岁刚出头。他五岁之前两眼都正常，那年患病吃了游医的药，两眼逐渐失明。不过不是实盲，左眼有些光感。

说书队中的四名成员最早都不是说书的。

先说潘姓盲人，早年专跑邻近几个集市卖耗子药。他到了集市上摆好摊子，先自弹自唱几段"莲花落"招揽客人，唱词是他自己编的：

耗子药就是灵，耗子吃了准没命。

耗子药甜又甜，耗子吃了就玩完。

不买我的耗子药，爹妈怨来老婆吵。

花不了几个钱，家里粮食保安全。

听到弹唱，人们纷纷聚拢过来，这时，他放下三弦，开始推销他的耗子药。

杨姓盲人原来是摆地摊算卦的。为了招揽生意，每到一地，他都先说上几个小段子，内容都是鬼神之类的故事。这天，刚说了一段鬼故事，见一中年男子近前，便指其说："我看你气色不对，想必有不测之灾，不妨抽上一签，待我与你破解。"

男子欲弃而不理，走了两步又退了回来，下意识地从签筒中随意取中一签。杨先生见签，忙说："你看看，这是乾卦：乘病马，上危坡，防失跌，欠蹉跎。属中下签，说明你骑着一匹病马向危机四伏的高坡上爬，要提防失蹄、跌跤、伤身。"

"那有无办法破解？"中年男子问。

"当然有，不过要破费些银两。"杨先生说。

中年男子递过两张钱，静听杨先生解答：

"马作为克体乾卦，主有门户之忧、财宝之失、金谷之损。两点甚需注意：不可与马姓和属马之人共事，不可向西北方向谋事。"

中年男子听罢，点头认同，满意而去。

再说赵姓父子俩，早年白天沿街乞讨，夜晚露宿庙宇街头，遭恶人讥讽，被野狗扑咬，尝尽人间酸楚。

合作化运动后，县里号召开展社会主义先进文化活动，取缔打击封建迷信的糟粕文化现象，镇文化助理便把这几个盲人组织起来，先进行培训，学说进步评书，配合宣传党的方针政策，歌颂镇里的好人好事。培训班请镇中学语文老师给他们读《三国演义》《红楼梦》等名著，讲镇里劳动模范的故事，请政治老师解读党的最新方针政策。

盲人眼睛看不见，心里灵光得很，聪明得很。老师把书读两遍，把故事讲两遍，他们就记个八九不离十。待他们熟记几个段子后，便下乡巡回演出。

演出大都在农闲时节，确切地说是挂了锄、收了秋、完了场、进了腊月门几个时间段。当然，有时配合兴修水利、播种抢收，他们也到现场，在中间"歇盼儿"的时间为大家说上几段。

我们村有四个生产队。镇文化助理把说书队带进村，按生产队排序依次进行演出。

演出大都在生产队的牲畜饲养场，天热露天演，天冷在饲养员住的屋子里演。每次演出，赵家父子开头，潘、杨组合压轴，有时也交叉进行，老少搭配。

每当说书队来村，最高兴的是我们那群小孩儿。为了不影响生产，演出大都在晚上，我们连晚饭都顾不上吃，老早就搬个小板凳去占地方。

我最爱听古代打仗的故事。这天晚上，赵家父子先说了一段《三国演义》中"水淹七军"的故事——

话说关云长率兵攻打樊城。告急文书传到许都，曹操急令于禁、庞德起七路大军前往，解救樊城之围。关云长力战庞德，不料左臂中箭负伤。时值秋雨连绵，湘江水势甚急。于禁、庞德全然不顾，急于前行，依山下

远去的老行当

每当说书队来村，最高兴的是我们那群小孩儿。演出大都在晚上，我们连晚饭都顾不上吃，老早就搬个小板凳去占地方。

寨。曹军部将成何发觉不对，规劝于禁、庞德移兵安营。于禁不听不信成何所言，一意孤行。庞德求胜心切，虽觉成何所见甚当，却未当机立断，于次日移军屯于他处。此时，关云长差人于湘江上游堰着各处水口，待水发时，乘高就船，放水一淹，樊城七军将士皆为鱼鳖矣！

说到此处，赵家父子一拍惊堂木，齐声道：孙子兵法有言，"凡军好高而恶下，贵阳而贱阴"。其意是，驻军扎寨力求居高而避低，争取向阳而回避阴湿。"七军"之败，违于这一用兵常识也！

场下听众报以热烈掌声。

稍息，潘、杨组合说了段评书《小女婿》。这是按照镇文化助理的要求，配合建国后我国实施的第一部大法《婚姻法》，由潘、杨二人改编而成的评书。

杨发是个老财迷，贪图财礼卖闺女。

李云峰 绘

区委书记来做主,田喜香草结夫妻。

四句打油诗念罢,惊堂木一拍,潘杨二人齐声说:今晚说段评书《小女婿》!

潘先生:话说东北某村有个陈二,他的媳妇叫陈快腿。那位说了,莫非她是运动健将,从小练就快腿脚?错了。她不是什么运动健将,正是乡村保媒拉纤的媒婆。村上有个罗寡妇,丈夫死了,与十一岁的儿子相依为命,孤苦伶仃,一心想找个帮手协助料理家务,便以一口肥猪为代价,托陈快腿为儿子说媒。陈快腿想到本村杨发的女儿杨香草。几次上门,均被回绝。陈快腿自知杨发财迷心窍,便向罗寡妇提出二十石粮食作厚礼。罗寡妇欣然同意加厚彩礼,果然杨发点头同意嫁女杨香草。谁知杨香草私订终身许嫁劳动能手田喜。但是,杨发硬是把女儿许配给罗家。晚上,杨香草守孤灯左思右想,斗争激烈。

就在这时，杨先生一声叫板，唱起了评剧《小女婿》中的"鸟入林"片断：鸟入林鸡上窝黑了天，杨香草守孤灯左右为难，我心里千头万绪方寸乱，就好像脚踩两只船……

杨先生边唱边以肢体动作助之。那板眼，那吐字，那拖腔，那神态，不亚于名角儿喜彩莲、白玉霜，听众掌声震天，叫好声雷动。

评书《小女婿》说完，当晚的演出结束。说书队收拾好东西，告辞听众，奔向下一个生产队演出。大人们满意地离开书场回家了，包括我在内那些十来岁的孩子，明知是重复演出，仍然高兴地尾随说书队，到另一个生产队继续听他们说书。那个叫冬子的小男孩儿还主动拉着最前边的赵家儿子的盲杖，帮他引路前行。

一个又一个农闲的冬夜就这样过去了。大人们说，说书队给他们送来了党的最新政策，带来了全镇的好人好事，心明了，眼亮了，有目标了，有劲头了。小孩子们说，说书队是他们的不在校老师，教他们懂得了许多世事，明白了许多做人道理，知识丰富了，眼界开阔了，热爱劳动了，学习进步了。

许多年后，不知是潘、杨组合老去，赵家父子更张，还是政策有变，说书队音讯全无，再没有来村里演出。

不管怎么说，说书队启蒙了我的思想，丰富了我的知识，以至后来我撰写一些散文、随笔之类的文章，许多素材都是从他们那里听来的。

我留恋那弥漫着叶子烟味的一个个冬夜。

我向往说书队那敬业为民的四位盲艺人。

后记

军旅生涯四十余载,先是在基层当战士摸爬滚打,后到机关当干事抄抄写写,再后来到报社当编辑编稿写稿。

职业使然,让我的足迹遍布全国各地。然而,无论走到哪里,从未被外面精彩的世界迷着双眼。闲暇时,思绪总会飞向故乡,飞回故乡的山山水水,飞到故乡的田间地头,飞进祖辈蜗居的那个农家小院。那是我生命的大本营,是我魂牵梦绕的地方。这就是我的乡愁,我流动的乡愁。

从花甲退休到寿登古稀,心灵深处便多了些沧桑感、怀旧感。青少年时代家乡那些声音、色彩乃至气味,时常充斥耳间、出在眼前、飘入鼻孔,乡愁越发浓烈。

情之深,爱之切。乡愁是在外游子的不了情,是远行客的精神家园和心灵记忆:一口古井、一盘石碾、一条小河、一湾水塘、一棵老树、一堵残墙、一群鸡鸣、一声狗吠、一台村戏、一首歌谣……时而单个凸现,时而一齐涌来,搅得我心不静、食不味，躺在床上辗转反侧。愁多知夜长啊！

　　我之所以记述那些远去的行当，颂扬那些老去甚至已经作古的乡野手艺人，皆因他们是我心中最清晰、最圣洁、最难以抹去的乡愁。他们严谨认真、尽善尽美，他们匠心独运、追求极致，他们内心丰盈、生命宽阔，他们昂扬向善、充满激情，他们苦心孤诣不趋利、坚守本真不媚俗，他们充盈着厚重的审美哲学和人情伦理，他们用汗水、泪水、血水书写着华夏民族智慧的历史，他们承载着农耕时代乡野村夫最广泛、最基础、最真实、最浓烈的生活与情感，他们精心构建着本土文化、支撑着本地经济。总之，这些行当故事，这些故事里的人，犹如一部历史典籍、一座民生博物馆、一幅清明上河图，释放着无尽的生命光辉和沧桑事理。

　　也许有人质疑：人类已步入工业革命的近现代和大数据时代，还为那些远去的老行当和手艺人唱挽歌，是否是思想固化、拉历史车轮倒转？

　　非也。

　　本人出生在北京西南郊周口店龙骨山脚下，那里是"北京人"及其后人的摇篮，也是亚洲人主要发祥地之一，是人类进化史上一个重要的里程碑。走过人类那段漫长的采集狩猎时期，便进入农耕时代，这是一段极其宝贵的人类发展历史，那些远去的行当其人其事，就发生在这一阶段。这些远去的老行当和手艺人创造了丰富的品种、品质、品牌，以辉煌的成就为本地区甚至为国家为世界做出了不可小视的贡献，许多非物质文化遗产就是在他们中间孕育发展起来的。在工业革命后的近现代，在飞速发展的城镇化进程中，这些老行当的生存空间越来越小，那些行当里的手艺人逐渐老去、故去。出于让后人了解认识渐行渐远的农耕行当和乡野贤士，不用去博物馆中搜索寻觅，于是我不吝笔墨，把它们记录下来。这就是我写本书的初衷。

　　书中的素材来源有三：一是本人青少年时代在家乡耳濡目染，二是参军后每次探家热炕头上听父母彻夜讲述，三是和发小、同学、同乡、战友集会时聊天。因文中有的主人公或其后人尚健在，故隐去真实人名、地名。

　　新闻出版署原报纸司司长刘波是位老兵、老报人，也是我的老战友、好朋友。他生于农村、长于乡下，对农耕农事颇有研究；李骏是我的忘年交，他年纪不大，出版长、短篇小说若干，中国作协尚有名分，可谓韶华才俊。请他们为该书作序，以求为该书增色。北京燕山出版社李满意副总编慧眼识珠，对该书稿给予充分肯定，并报请北京市新闻出版广电局对该书给予项目资助；责任编辑王梦楠费心劳神给予了章节文字上的推敲修改，使之理通词顺，增色不少。中国美术家协会会员、北京美术家协会理事庄明正先生及中央民族大学美术学院特聘讲师、北京工笔重彩画会会员李云峰先生，精心为该书作了画面精美、意蕴悠长的插图，为该书锦上添花。在此一并叩谢！

作者　王志祥
二〇一七年八月　于解放军报社惜民斋

远／去／的／老／行／当

图书在版编目（CIP）数据

最美乡愁：远去的老行当 / 王志祥著；庄明正，李云峰绘. — 北京：北京燕山出版社，2017.9
 ISBN 978-7-5402-3759-2

Ⅰ.①最… Ⅱ.①王… ②庄… ③李… Ⅲ.①职业—介绍—房山区 Ⅳ.① D669.2

中国版本图书馆 CIP 数据核字 (2017) 第 230529 号

本书为北京市图书出版奖励扶持项目

最美乡愁：远去的老行当
ZUIMEI XIANGCHOU：YUANQU DE LAOHANGDANG

作　　者	王志祥
插　　图	庄明正　李云峰
项目策划	
项目负责	李满意
责任编辑	王梦楠　李满意
营销编辑	涂苏婷
责任校对	杜　睿　张瑞武
封面设计	7合3号工作室 010-67998727
社　　址	北京市西城区陶然亭路 53 号（100054）
网　　址	http://www.bjyspress.com/
微　　博	http://weibo.com/u/2526206071
微　　信	yanshanreading
电　　话	01065240430；01063581036
印　　刷	北京世纪恒宇印刷有限公司
开　　本	710mm×1000mm 1/16
字　　数	213 千字
印　　张	15.5
版　　次	2017 年 11 月第 1 版
印　　次	2017 年 11 月第 1 次印刷
定　　价	68.00 元
出版发行	北京燕山出版社 BEIJING YANSHAN PRESS

版权所有　盗版必究